JN303200

アラビア語翻訳講座
第1巻
──── アラビア語から日本語へ ────

水谷 周 著

国書刊行会

目次

はじめに　　　　　　　　　　　　　　　　　　　　　　7

中級学習者のために
　― その1　　　　　　　　　　　　　　　　　　　　9

1．政治関係
　　例文1　　国と統治者（その1・古文調）　　　　　16
　　例文2　　同上（その2・古文調）　　　　　　　　18
　　例文3　　イスラエル　　　　　　　　　　　　　　20
　　例文4　　パレスチナ　　　　　　　　　　　　　　22
　　例文5　　アラファト議長死去　　　　　　　　　　24
　　例文6　　アラファト議長葬儀　　　　　　　　　　26
　　例文7　　イラク　　　　　　　　　　　　　　　　28
　　例文8　　スーダン（内戦終結）　　　　　　　　　30
　　例文9　　クエイト（PLO来訪）　　　　　　　　　32
　　例文10　地雷処理問題　　　　　　　　　　　　　34
　　コラム1.アラビア語―アラビア語辞書：古典　　　36

2．経済関係
　　例文1　　エジプト　　　　　　　　　　　　　　　38
　　例文2　　サウジアラビア　　　　　　　　　　　　40
　　例文3　　石油（価格）　　　　　　　　　　　　　42
　　例文4　　同上（投資）　　　　　　　　　　　　　44
　　例文5　　鉄鋼　　　　　　　　　　　　　　　　　46
　　例文6　　産業　　　　　　　　　　　　　　　　　48
　　例文7　　湾岸銀行設立　　　　　　　　　　　　　50
　　例文8　　オマーン（会議参加）　　　　　　　　　52
　　例文9　　カタル（エチレン工場）　　　　　　　　54
　　例文10　農業　　　　　　　　　　　　　　　　　56
　　コラム2.アラビア語―アラビア語辞書：現代　　　58

3．文化関係
　　例文1　　イスラーム美術展　　　　　　　　　　　60
　　例文2　　定めの夜　　　　　　　　　　　　　　　62
　　例文3　　預言者伝承―動物愛護（古文調）　　　　64

- 例文4　大学会議　66
- 例文5　書評　68
- 例文6　アラブ人の科学（その1）　70
- 例文7　同上（その2）　72
- 例文8　同上（その3）　74
- 例文9　エジプト（国際図書展）　76
- 例文10　文化評論　78
- コラム3．分野別 英語―アラビア語―英語辞書　80

4．社会関係
- 例文1　ラマダーン月と体調　82
- 例文2　米国青年の自殺　84
- 例文3　救急隊（その1）　86
- 例文4　同上（その2）　88
- 例文5　子供のしつけ方　90
- 例文6　内親王御婚約　92
- 例文7　パレスチナ平和運動　94
- 例文8　モロッコ（職業、教育）　96
- 例文9　緊急医療の誕生　98
- 例文10　エジプト（人口問題）　100
- コラム4．分野別 英語―アラビア語辞書　102

5．他の分野
- 例文1　ヨルダン（晴れ着）　104
- 例文2　携帯電話（新型）　106
- 例文3　同上（次世代）　108
- 例文4　ワールド・カップ練習試合　110
- 例文5　イラン（核開発押し問答）　112
- 例文6　国連のスキャンダル　114
- 例文7　ヒゲ自慢　116
- 例文8　イエメン（サッカー）　118
- 例文9　環境（レバノンの水不足）　120
- 例文10　偽爆破通告（リヤード市）　122
- コラム5．新聞雑誌各種　124

6．長文を読んでみよう

例文1	日本・サウジ修交50周年	126
例文2	論説（アルマディーナ市）	129
例文3	挨拶文（大統領）	134
例文4	同上（民間会合）	139
例文5	学術論文（暦の起源）	142
例文6	決議文（アラブ団結憲章）	145
例文7	自叙伝（アフマド・アミーン）	148
例文8	同上（タハ・フセイン）	151
コラム6.日本紹介書籍		154

7．アラブ人の作文練習帳から（古文調）

例文1	男とそのいとこ	156
例文2	王子マアムーンと躾係	158
例文3	忍耐	160
例文4	謙譲	162
例文5	誠実さ	164
例文6	サルとライオン	166
例文7	婦人と小さな犬	168
例文8	知識	170
例文9	性格の良さ	172
例文10	知識は揺り籠から墓場まで求めよ	174

بسم الله الرحمن الرحيم

はじめに

　種々のアラビア語学習の素材が工夫されてきているが、中級レベルの参考書はほとんど見当たらない。このレベルは学んできたアラビア語が、いよいよ実際に本物になるかどうかの大切な分岐点に当たる段階である。そしてかなりの集中と多読が要求される。このような必要を満たそうとして、本翻訳シリーズ全3巻をまとめた。

　本書第1巻は、アラビア語から日本語への方向の作業である。素材としては、様々なところから集めた。世界の動きの最前線にあり、日々切磋琢磨を強いられている新聞言語は現代アラビア語の一翼を担っている。それから文学作品やアラブ人の作文練習帳などで見かける伝統的な文体ももちろん大切な一翼である。

　また第2巻とも相まって、政治、経済、文化など日常的に接するほとんどの分野をカバーしたので、双方それぞれの関係分野の個所を見れば必要な単語や術語の多くを見出すことができるだろう。その意味では使い方に慣れれば、単語集、あるいは表現集の役割も果たしてくれる。

　本書に取り上げたアラビア語の例文について、解説や参考事項はかなり徹底して記載した。したがって自習で進めることも可能である。ただし説明の分量は各例文について1ページを当てることを原則とした。

　なお全3巻を通じて、アラビア語単語が羅列されている場合、前者、と言えばアラビア語としての順序に従い一番右側を指す。また日本語文に続いてアラビア語文が記される場合、その行の一番右側から始まり、それが途中で改行になる場合は、次の行の途中から始まることとなる。

　（例）日本は多数の島々からなり、美しい四季がある。إن اليابان تتكون من الجزر الكثيرة ولها أربعة مواسم جميلة. そしてさらにはまた・・・。

　アラビア語は大海のようだとアラブ人はよく口にするが、その大海も一滴の積み重ねであることは、日本人にとってもアラブ人にとっても変わりない。アラブの諺に次のようなものがある。

　من جدّ وجد ومن زرع حصد 努力する人が見出し、種蒔く人が収穫する

　この言葉はアラビア語学習に当たって最良の伴侶のように思われる。この諺を贈りつつ、学習者にとって本シリーズがアラビア語習得を本格化する一助となよう、切に祈念する。

著者

中級学習者のために ― その1

　一応文法をしっかりマスターし、知らない単語を自分で辞書を使って調べられるようになれば、中級である。その後はそれぞれの人の個性や、置かれた学習の環境によって、進め方が違ってきても不思議はない。このようなことを前提としながらも、今一度、これまでをふり返ったり、新たに思いを至してほしい諸点を以下にまとめた。

　まず第一には、素材読破の姿勢について。もちろん人の数ほどその姿勢の数もあるのであろうが、かなりの場合、文法重視で細かい部分に細心の注意を払う傾向が強く見られる。日本の外国語学習の長い歴史も影響しているのであろう。このアプローチは徹底理解という意味で重要であるし、その緻密さは最後まで維持される必要もある。ただし弊害もある。それは細かいところが了解されれば、それで一安心してしまい、文章の意味を汲む勢いがそがれるケースである。

　そこで細心の注意を払う伝統的アプローチについては後に回し、まずここでは初めに、それとは逆の発想も必要になることを指摘しておこう。

　<u>それはある程度までアラビア語が進めば、後は、習うより慣れろという教えが相当真実を突いているということである。</u>重箱の隅をつつくようなアプローチも必要であるが、同時に数をこなさなければ、実践力にはならない。なぜならば、アラビア語のように濃厚な文化を背負った言語は、どこまで行っても多少は疑問符を付さなければならないようなところが残るからだ。その一つ一つで小休止し、あるいは躓いているようではとても目的地にたどり着けない。時には大股で、勢いよくまたいでしまわなければならないのだ。そして、ただまたぐと言ってもコツがあるし、その際のリスク計算も経験で学ぶしかない。

　このような多少経験偏重に聞こえるかもしれない点を述べた後で、以下では全く逆に、<u>日々こつこつと細心の注意をい払いつつ、アラビア語研鑽に努めることの基本的な重要性を改めて強調しなければならない。</u>

（1）基礎としての文法

　当初の文法はよく使用する事項も、あまり使用されない事項も、平均的に並置されていることが多い。そのためしばらくすると、使用頻度の少ない事項は頭から離れてゆくものがそれなりにある。これは前進の過程において避けることができないし、また習熟してきているという意味では、喜ばしい現象でもある。ただ文法的に確認したい事柄に出くわす場合に、自分としての拠り所をしっかり持っておく必要はあると言えよう。それは当面は、自分の愛用してきた当初の文法書であることは間違いない。それは一生大切にしたい。人には見せたこともない書き込みもあるだろう。時々ふり返ってみると、改めて意外な発見をすることもある。もうマスターしたからといって、手放してしまわないこと。むしろ逆に、自らの原点として基礎の文法書を座右に置いて、常に稼動の状

態にしておこう。

（2）単語は3000語

　中級者として伸ばすためには、しっかりした文法に加えて、単語のマスターが不可欠だ。どの国の言語でも人の必要とする単語数は、それほど変わらない。人間の生活体系に大きな違いがないことの反映としては、面白い事実でもある。その数として、経験的に3000語を目標としておけば間違いないだろう。ちなみに日本の常用漢字の数はほぼ2000字である。それからすると、中学生ほどの単語の学力を中級者として要求されていると言い換えられるだろう。また日本の中学から高校へ進む時点での英語の単語数は、1800と定められているそうだ。いずれにしても辞書や単語帳などに自分の印を付けたり、コンピューターで整理し工夫をして、自らの単語獲得を管理しよう。

　<u>次に辞書は引くのではなく、読むことが重要であるということ</u>を強調したい。一つの単語に出会えば、それを辞書で見る、そうすると必ずやそれの類義語、同義語、反義語などが連想されてくるはずだ。それを次々と見るため、ページを繰るのである。これは一つの単語を関連する単語の語群の中で捕らえなおすことになり、記憶を確かめつつ新たに活用法を身につける機会となる。これは慣れれば楽しくなってくる作業である。辞書を繰ることを手間だと感じている間は、中級者として、遺憾ながら本格的な成長は見込まれないだろう。

　以上はアラビア語以外でも通じることだろうが、辞書のページを繰ることがどれだけ大切かについて、アラビア語特有の理由も挙げておきたい。それは基本的には三語根ですべての単語が成立しているということに直結している。すなわちアラビア語に接するときには、当分の間は常に当該単語はどのような語根でできているのか、という設問から離れることはないのである。語根がしっかりつかめなければ、正しく意味は取れないし、またそれは的確に辞書が駆使できる前提条件でもあることは、いまさら力説する必要はないかと思う。常に正しい語根を確認し、またそれを求める姿勢を維持すること、それには辞書を肌身離さず、恒常的に読みまくる努力に優るものはないのである。

　なお単語獲得の過程を一般化すると、普通はまず多くの名詞にぶつかる。そのときにはいつも、<u>単数、複数（特に不規則複数）を一体で覚える習慣</u>をつけること。後になってまた複数形を覚えなおすのは、気が遠くなるほどの時間の浪費である。次に多く出てくるのは、動詞変化だ。それには必ず、<u>過去形、現在形の中間母音、動名詞の三つを一体として覚えるべきだ</u>。その理由は、名詞の複数と同じで、やり直しの時間の浪費は最初から避けたいためである。このように三者が一体でが揃っていないときには、自分で辞書を繰って、整える努力は惜しんではならない。

　そして本書で徹底したのは、以上の関門を超えて、<u>動詞と結びついている前置詞の組み合わせをマスターするということ</u>である。前置詞がなければ、正しいあるいは微妙な動詞の意味が出せないケースが極めて多いのは、日本語から想像する程度をはるかに超

えているからである。守る حافظ على であり、保つ احتفظ بـ である。多数の実例は、本文を通してお目にかかることになるが、ここでは警鐘を鳴らしておきたい。前置詞という言葉にはあまり重みがないが、とんでもないことなのである。多くの場合においては、動詞を生かすも殺すもそれ次第で、そうなるとそれは動詞と一体の後置詞であると言わねばならない。

(3) 発音と音感の訓練

　発音をおろそかにしたままで、中級者として成長するのは相当難しいだろう。逆に言えば音をマスターした人にとっては、進歩の強い味方を得たことになると言える。なぜならばまず、人の話から吸収することが出来る。また自分で発音する努力は、何かを書く際の能動的な努力と同じで、自らの記憶、文法知識を全力で動かすことになる。また読み書きするときでも音感を伴っていれば、そうでないよりは理解も暗記も進むことは間違いない。だから翻訳作業にも欠かせない。これは一般に言えることだろうが、まして珍しくて、識別の難しい音が少なくないアラビア語に言えることなのである。

　これまで発音への努力をどうしてきたかを自分でふり返ってみて、不十分であればこれからでももちろん遅くない。すぐに追い着く例を、多く見てきているからだ。以下に注意すべき主な諸点を、簡単な表にしておいたので、確認あるいは改善の参考にしてほしい。そして本書の例文は正しい発音とともに、ほとんど丸暗記するくらいに十分繰り返し活用していただきたい。

　なお一般に日本語の発音ははっきりしないので、アラビア語を発音する際常に無理をして鮮明にしたほうがよい。また以下の表とは別に、ハムザ・トル・ワスルを自由に発音できることも大切だが、どのハムザがそれなのかという、文法上の理解も発音のために必要となる。なお第3巻第3章では発音について詳論した。

ط	ت	舌の先で破裂させるか、舌の奥のほうの盛り上がり部分で破裂するかの違い
ذ	ث	舌の先を前歯ではさむ、英語の th で、静音か濁音かの違い
ح	هـ	ガラスを曇らせる時の、喉の奥のほうから出るハーの音で、清音と濁音の違い
ص	س	舌の先の鋭いsか、舌の奥の盛り上がり部分の摩擦音かの違い
ض	د	舌の先の方のd音か、舌の奥の方の盛り上がりで出す破裂音かの違い。アラビア語は ض 音の言語だといわれるが、アラブ人には魅力的な音だとされる
ظ	ز	舌の先の方のz音か、舌の奥の方の盛り上がりで出す摩擦音かの違い
غ	ع	うがいの時に出る音で、喉彦を震わせるか否かの違い。日本人にとって、美しい ع の音はアラビア語の魅力の一つ

| ك | ق | 猫の cat は前の方で出す。それが ك で、奥から出ると ق になる |
| ل | ج | 日本語にもあるので、簡単だと思わないこと。アラビア語は硬い L と J の音で、日本語の柔らかい音とは異なる。 |

(4) アラビア語の特徴を知る

　（ア）単語数の獲得のことはすでに述べたが、その際の原点はなんと言っても、アラビア語の場合、いわゆる語根、ルートといわれる3つの子音で各単語を抑えることが必須である。それがすべての派生語の振出だからだ。各単語の形態が派生しているだけではなく、意味上も派生しているのはいうまでもない。そうなると、どうやってこの語根との付き合いをしていくかがかなりの重要な部分となるのも、自然とうなずける。それは工夫をした方が良い。なぜならば、3つの語根だけ考えていると、下手をすると学習が大変に無機質になってしまい、つまらない我慢大会のようになるからである。そうならないためには、自分としての単語との付き合いを工夫するということだから、どのような取掛かりでも構わないということになる。しかし少しばかり、この取掛かりの参考になるかと思われることを以下に列挙してみたい。

・アラビア語の歴史 ── アラビア語はもともとアラビア半島に散在していた部族の言葉を、中世の言語学者が神のありがたい言葉として収集して、体系化されたものである。刀という言葉に、数百あるといった事態になることや、また一つの言葉にまったく異なる意味がいくつも並存するといった事態が生じる原因である。同義・類義語過剰であり、一つの単語の多義過剰なのである。この事態は混乱を招くと言って、憤慨しても始まらない。上のような歴史的な過程を了解するしかない。しかし徐々にではあるが、アラブ人は「アラビア語は海のようだ」といって自慢の種にもしていたが、最近の言語改革運動ではこれに反省が加えられてきている。

・日本語には、擬音語が豊富にある。アラビア語も実は相当程度同じである。"ر" ラーには、走り去る音を感じるそうで、事実 مرّ، هرب، فرّ などは、当てはまるし、またネズミのことは、فارة という。新単語をただ羅列的に覚えるのではなく、誰でもそれを自然に整理し始めるときに、このような擬音の観点も持つと、意外な成果があって面白いだろう。もう少し挙げると、"ق" は叩く音で、دق، شق، طرق などあり、それぞれ、叩く、分ける、ハンマーで叩く、の意味だ。"ح" は、広げる音感で、مرح، صاح، شرح، باح، ساح はそれぞれ、旅する、露呈する、説明する、叫ぶ、胸襟を開く、の意味である。"ن" は鼻息の音で、غنّ は鼻母音化する、という意味。また、考える ظنّ もそれに当たるから、昔の人は考えるときには、ウーンと鼻の音が聞こえるように思ったようだ。

・上の音の話にも関係するが、侵入する、という言葉でよくお目にかかるのに、تغلغل というのがある。いかにも力ずくで、闖入してくる様が目に浮かぶ。この語根は、どう見ても3つではない。2つ語根の繰り返しで غلغل となっているからだ。このような構造を持っている単語もそれなりに多い。これらの大半は、アラビア語が属するセム語ではなく、ブラック・アフリカ系のハム語起源だそうだ。どれがそうかは、語源論の問題でこれ以上深く立ち入らない。ただここではこのような話を紹介して、アラビア語習得の一助となればよいと考える。

（イ）言語研究の分野に、各単語の持つ意味の領域の重なり合いや関係を調べる意味論と言われるものがある。中級に入ってゆくとどうしても、このような抽象的な柔らかい理解を言葉から会得してゆく気持ちが求められる。それが言葉の本質でもあるからだ。

例えば「避ける」という一語を例に取る。一般的には、ابتعد عن، جار عن など、また تجنب، تحاشى، تفادى، تملص である。しかし避ける対象によって、ほぼ次のように使い分けられる。

人：جافى في، نفر عن　　　　　物：حاد عن، زاغ عن
道：انحرف عن، تجانف عن، جنح عن　話：أحجم عن، أعرض عن، شط عن

人を怖がらせる、人を憎むなどという感情混じりの表現になると、単語それぞれの関係も峻別が難しくなる。しかし差があることは間違いないし、神経質になっても始まらないが、他方それに不感症になるのは問題である。いつも整理し、また再整理する努力することが求められる。同義語辞典や類義語辞典、語源辞典などがアラビア語については整備されていない以上、贅沢はいえない。各自の努力あるのみであることは今からはっきりしている。

（ウ）最後に中級として徐々に会得してよいことは、アラビア語の持つ独特の文章構成である。現代日本語の場合のように、一つの文章に一つの意味を込めるという指針が確立されているとはいえない。また欧米のように、基本的に正反合という三段論法の発想が一般的ともいえない。文章という目に見える形式ではなく、別のところに感情、あるいは文意の脈絡が流れていても不思議ではないのだ。

この事実から来る一つの結果は、文章と文章をつなぐ接続詞や接続句、もしくは接続詞の意味を持つ言い回しなどを良く知る必要が出てくるということである。もう一つは、当然ながら文意をしっかり把握することにより、文脈からふり落とされないということである。下手をすると、筆者が事態を肯定しようとしているのか、否定しようとして頑張っているのかも、逆に受け止めてしまうことさえある。

本書の最後のところでは、長文を読もうということで、いくつかの例を掲載してみた。

短文を集めれば長文になるかというと、そうでもない場合も出てくるのである。長文にはそれ独自の課題が出てくるということを見るためでもある。ただしこの種類の構文・文体論の問題を全面的に扱うのは、もう上級に入ってくる時点であろう。

　（エ）ここでは狭い意味の言葉の学習をはみ出た話を一つ記しておきたい。まずアラブ人は非常にアラビア語に誇りを持ち、言葉に酔う民族だということである。これほど自国の言語を重視するのは、フランス人にその例を見るくらいかと思われる。実際アラビア語から派生した言語は、中世のラテン語と混合した、イタリア半島の南にあるマルタ語と、アフリカのハム語と混じったスワヒリ語の二つがあるだけだ。それだけアラビア語は、クルアーンを軸として原型を保ち続けてきている。いわばそれだけ、言語としての適応力と人々の心を絶えず捉える魅力に富んでいるということにもなるわけだ。

　その良い対比は、おそらくラテン語である。ラテン語はローマ帝国の崩壊とともに、どんどん死滅の過程をたどり、現在の欧州に見られるスペイン語、フランス語など多くのラテン諸語を派生させたのである。アラビア語を学び、それも中級以降になると、このような大きな言語世界史の動向も念頭におきつつ、日々の研鑽を積みたいものである。

（5）本書について

　本書を通して、以上の諸点を念頭から離さずに、前進できれば幸いである。各例文の全訳欄では全体の意味を把握しなおすことを目的とし、コメント欄では徹底的に理解するためのもろもろの解説を挙げている。

　それぞれの例文は独立して作成されているので、時間が限られている場合には、原則としてどこからでも始めることができる。だからたとえば中東へ出張の際に、飛行機の中でページをめくるだけでも、得られるものがあるだろう。また内容は政治、経済、社会、文化など広くカバーしているので、常識的に要求される基礎的な単語や文体は、どの分野でも相当習熟できると期待する。

　また現代アラビア語の主要な源泉は、文学と報道言語であるが、同時に古文にも目を慣らすためにいくつか例文を採用してある。現代文との違いを味わうのも益するところが少なくない。アラビア語全体における古典趣味がまだまだ強くある以上、それらの古文が意外なところに顔を出すかもしれないのである。

1. 政治関係

　政治関係報道の恒常的なテーマは、直接的か間接的かは問わず、パレスチナ問題関連である。アラブ全体の共通の政治課題である以上、これは当然だろう。それだけに同問題を扱う文章に慣れることが、第一の関門である。そのためには、背景としてパレスチナ問題の歴史、関連国連決議なども、基本的なところは身につけないと、彼らの熱しきった議論についていけないだけでなく、誤解していても気づかない恐れもある。

　それについで、その時々に激しい動向を示す諸問題—最近ではイラク関係—などがあり、これほどのテーマになると、アラブでも国内動向の少ない規模の諸国では、政治ニュースの大半を占めることになる。

　他方日本関係は政治面で出るものは少ない。日本は経済と科学の国として一般的に見られている事情が背景にあるからだ。イラクへの自衛隊の派遣は一つの例外の事例にはなっていたが、それでも日本全体のイメージを変える規模ではないだろう。

1. 政治関係

例文 1　(1)　الأمة والحاكم

إذا كان الحاكم عالما حازما، عالي الهمة، رفيع المقصد، ساس الأمة بسياسة العدل ورفع منار العلم ومهّد لها طريق اليسار والثروة وبعث في أفرادها المحكومين روح الشرف ورفعهم إلى مكانة عليا من العزة ووطّأ لهم سبل الراحة وتقدمهم إلى أوجه البر.(من "جواهر الإملاء")

〈全訳〉

国と統治者（その1）

　もし統治者がよく知り覚悟ができており、また関心が高く志が高邁ならば、国を治めるのに公正で、知識の灯火を高揚させ、容易で豊かな道程を用意し、被統治者には名誉を贈り、誇り高き地位に上げ、安息と確固たる篤信への前進の道程を進むであろう。（アラブ人の作文練習帳『作文の珠玉』より）[1]

● MEMO ●

---

[1] アフマド・アルハーシミー『作文の珠玉』ベイルート、ムアッササ・アルマーリフ社、2001年。本巻第7章の例文も出典はすべて同書。

例文１　国と統治者（その１・古文調）

〔コメント〕

単語は難しくないが、アラビア語独特の文章構成に慣れる必要があるケースである。また道徳論に及ぶアラブの政治感覚もにじみ出ている。文章は古文調である。

1. 全体が仮定文で構成されている。文法上は、إن يكُنْ الحاكم ---، يسُوس الأمة --- ともできる。しかし現代文では、إنْ の方が仮定の度合いが強まり、あり得ないという語感も出てくる可能性があるので注意しよう。また、現実にはそうでないという点を明確にするのであれば、لو كان الحاكم ---، ساس الأمة --- となる。

　　なお現代アラビア語では、条件文の動詞は直説法過去形、もしくは短縮法のいずれを使っても意味上は同じと解するのが普通である。また主文と従文の動詞の法は統一することも求められない。

2. 1行目の統治者の述語として、四つ並んでいる。二つは形容詞、あとの二つは名詞を伴う複合形容詞である。これらの意味もさることながら、形容詞を並べて調子をとっていることは見逃さないようにしよう。これはアラビア語の生命の一つであるから、声を出してこの調子を自分の感覚に染み込ませることが勧められる。

3. 主文の動詞としては、6個の動詞が出てくる。ساس، رفع، مهد، بعث، رفع، وطأ である。これも調子を取っているのである。決して繰り返しではないところも重要で、このような作文をするためには、単語力が要求されることも納得できるであろう。場合によっては、調子を保つために無理して言葉を引っ張ってくる場合もあるが、そのような時は実質上の意味はあまり重要でなくなる。

4. 2行目の動詞 بعث の目的語は、روح الشرف である。

5. 同行の最高の地位、مكانة عليا には定冠詞は付いていないので注目したい。特定の地位は念頭になく、一般的に高い地位というのが趣旨だからである。

6. 3行目の تقدمهم は、その前にある الراحة と同格で、سبل に続いている構成となっている。

　　また同行にある أوجه という最上級の形をした形容詞の意味にも注目したい。顔、という意味ではなく、وجيه という形容詞から来ているのである。

1. 政治関係

例文 2　(2)　الأمة والحاكم

وإن كان الحاكم جاهلا دنيء الطبع، عديم الهمة، خسيس النفس، أسقط الأمة بتصرّفه وجلب عليها مصيبة الفقر وفتح أبواب العدوان، فيتغلب القوي على حق الضعيف ويختل النظام وتفسد الأخلاق ويُغلب الناس على أمرهم.(من ذات المصدر، "جواهر الإملاء")

〈全訳〉
国と統治者（その2）

　もし統治者が無知で、性格が低俗で、関心が薄く、悪徳ならば、その言動で国を貶め、貧しさをもたらし、攻撃の扉を開けて、したがって強者が弱者の権利を圧倒することになり、システムは崩壊し、道徳は腐敗させられ、人々は征服されてしまうことだろう。(出典は同上『作文の珠玉』)

● MEMO ●

例文2　国と統治者（その2古文調）

〔コメント〕

1. 例文1．を受けてその後半の文章である。引き続き仮定文であるが、今度は、إنْ で始められている点に注目したい。ここのケースは、あり得ない条件ではないが、あってほしくない、あるいはあるべきでないという言外のニュアンスが伝わってくる。したがって前半は、إذا で始めておいて、後半は、إنْ で始められていることを確認しよう。

2. 形容詞であれ動詞であれ、繰り返しの調子が採用されているのは前半と同じである。この二つの例文だけでアラビア語における繰り返し調子をマスターするのは難しいかもしれないが、このトーンの重要性からして、十分にここで吸収しておきたい。

3. 前半の形容詞とこの例文2．の形容詞は、いわば反義語になっているので、その観点からも見る必要がある。つまり文章を書く場合には、単語力は当然必須だが、しばしば反義語、類義語として整理して覚えておく必要性が見て取れるのである。

4. 2行目の惨害、惨状、災害だけでも同義、あるいは類義語として、مصيبة، كارثة، غائلة などは、普通に用いられる範囲である。また貧困、貧乏、困窮も、فقر، فاقة، عوَز などがある。今後とも、辞書を引くのではなく、辞書を読む楽しみを覚えつつ、常に自分の頭の中に同義語、類義語、反義語などの整理を繰り返す意義は大きい。言葉はいつも互いに親しく、あるいは敵対的に、絡み合って関係しているという実態が背景にある。

5. 同行の فيتغلب --- 以下は、それまでの結果を示している。相変わらず条件文の主文であるが、その主文も原因と結果の二つに分かれているということになる。

6. 同行最後の動詞、تفسد と次の行の動詞、يغلب の二つは、受身形である。تفسد の方は、女性形だから主語の女性名詞に対応した受身であることは、文字から判断できる。しかし後の方は、主語も動詞も男性形だから、動詞の形からだけでは受身であることが見抜けない。ここでは意味から判断するしかない。

　　受身形を瞬時に間違いなく判断できるようになるには、しばらく時間がかかる。慣れが大きな要素である。慣れの一側面は特定の動詞は受身でしばしば用いられるということ（استقبل، قال، دعي، ادعى، اعتبر، ذكر などなど)。当面は現代アラビア語ではかなりよく受身形が用いられることを覚えておこう。

1. 政治関係

例文 3　إسرائيل تقرّ مشروع قانون تعويض المستوطنين

أقرت الحكومة الإسرائيلية في جلستها العادية، أمس، أهم مشروع قانون لتطبيق خطة الفصل للانسحاب من قطاع غزة وشمال الضفة الغربية، ألا وهو قانون التعويضات للمستوطنين الذين سيتم إخلاؤهم من المستوطنات في المستقبل القريب. (الشرق الأوسط 10.25.04)

〈全訳〉
イスラエルは入植者に対する補償法案を決定した。

　昨日、イスラエル政府は定例閣議で、ガザ地区及び西岸北部から引揚のための、分離計画適用に関する法案を決定した。それはとりもなおさず、近くそれらの地区の入植地から撤収する入植者に対する補償法のことである。

● MEMO ●

〔コメント〕

1. タイトルのように名詞を数多くつなぐのは、本来好ましくない。これは表現の簡潔さを求める新聞用の便法である。

2. イスラエルは女性名詞。国名は一般的に女性扱いが多い。日本も同様。イラクやブラジルは男性扱いだから、最終的にはそれぞれチェックする必要あり。

3. 一行目のように لتطبيق قانون として途中で 」 を入れて、4つも5つも名詞が続かないようにしている。

4. 決定する。قرّر、أقرّ 前者（قرّر）が普通の決定、後者（أقرّ）は固めた、といった語感。（本書では前者、後者は、アラビア語を指す時はアラビア語としての語順による）

5. 通常セッション جلسة عادية 、臨時セッション جلسة الطوارئ (طارئة)

6. غزّة には定冠詞が付かない。ちなみに日本 اليابان には定冠詞をつけて、韓国 كوريا にはつけない。これもそれぞれチェックの必要あり。

7. ألا وهو --- という表現は少々古風。しかしここでは、その古風さを楽しんでいる。

8. 関係代名詞を受けている人称代名詞にすぐ気が付くこと。الذين --- إخلاءهم そのためには、関係代名詞をみたら、例えば英語のように、すぐにその直後の単語と結びついていると思いがちな癖を改め、接続された文章の中でどのような位置付けになるか、しばらく判断中止をして待つ癖を付けることが勧められる。その場合関係代名詞は、感覚的には接続詞に似た受け止め方になる。なぜならば、流れてゆく文章を一々逆戻りして理解するのではなく、単語の流れるままに理解を進めなければならないからである。

9. مستوطنات مستوطنون مستوطن これらが単数ならば、どうなるか？ となって同じ形になるから、要注意。後者は入植地で、英語のセツルメントに当たる。だから مستوطنة として女性形になることも多い。

10. 例文には出ていないが、参考として、一般的に外へ出ようが、外から入ってこようが、移住は、هِجرة 。しかし特に外へ出る移住は مهاجرة Emigration。だから、マッカからアルマディーナへの移住者は、مهاجرون と呼ばれる。

1. 政治関係

例文 4　パレスチナ

وسط حالة من الترقب الشديد لنبأ إعلان وفاة الرئيس الفلسطيني ياسر عرفات رسميا بين ساعة وأخرى، انشغلت القيادة الفلسطينية أمس بترتيبات دفن جثمان الزعيم الفلسطيني في حالة صدور هذا الإعلان، وبكيفية مباشرة السلطة مع غياب عرفات.
وفي رام الله عقدت اللجنة التنفيذية لمنظمة التحرير، واللجنة المركزية لحركة فتح اجتماعا مشتركا أمس اتفقتا فيه بالإجماع على أن تكون جنازة الرئيس عرفات في حالة وفاته في القاهرة، ثم يدفن في رام الله. كما وافق الاجتماع على أن يتولى روحي فتوح رئيس المجلس التشريعي رئاسة السلطة الفلسطينية لمدة 60 يوما في حالة وفاة عرفات. (الأهرام 11.11.04)

〈全訳〉

　パレスチナ大統領ヤーセル・アラファトの正式の死亡発表が刻々注目される中で、昨日パレスチナ指導部は発表が出た際、この領袖の遺体を埋葬する準備と、アラファト亡き後の政権の始動の仕方について取り組み始めた。昨日ラーマッラーでは、解放機構の執行委員会とファタハ中央委員会が合同会合を開催し、コンセンサスで、アラファトの葬儀はカイロで行うこと、次いで埋葬はラーマッラーで行うことに合意した。同時に同会合では、アラファト死去の場合は、立法院院長ルーヒー・フトーフが60日間パレスチナ政府の主導権を取ることにも同意した。

● MEMO ●

〔コメント〕

1. 最初の وسط は副詞として使われている。「状況の中で」 وسط حالةٍ من --- といった言い回しはそのまま覚えてしまうほうが早い。2行目の بين ساعة وأخرى 「刻々」も同様に使い道は多い。

2. 遺体という単語として、جثمان، جثة という似たような単語があり、両方使われる。

3. 「取り組む、着手する、作業する」 انشغل の目的は、前置詞の بـ で導かれる。3行目の بكيفية に同格でつながっていることも、すぐ判明する。

4. 4行目最後にある فتح はあまりに知られているが、これは حركة التحرير الفلسطينية の頭文字を取ってから、その順序を逆にした省略形であることを知っておこう。

5. 二つの「委員会」が出てきたが、それを主語として اتفقتا という動詞が出てくる。次いで فيه でその前にある定冠詞なしの「会合」 اجتماعا を受けている。定冠詞なしの名詞であるから、関係代名詞なしでつなげられるのは当然だが、それにすばやく気付くことが重要だ。

6. 「コンセンサスで合意した」 بالإجماع という常套句。またいつもながら前置詞の動詞との関連に注意、وافق على さらに6行目にある اتفق على 。

7. 6行目の「埋葬する」 يُدفن は、ここでは受身で使われている。

8. 主導権を取る يتولى الرئاسة 、王位に就く يتولى العَرش という表現はよく見る。

1. 政治関係

例文 5　　رحل الرمز --- وبقيت القضية

في الساعات الأولى من فجر اليوم الثالث عشر من وصوله إلى باريس للعلاج من مرض لم يكشف عنه بعد، توقف نبض قلب الرئيس الفلسطيني ياسر عرفات، كما توقفت رئتاه عن العمل، لتفارق روحه جسده. (الشرق الأوسط 11.12.04)

〈全訳〉
象徴の死去 – 課題は残る

　未だに病気ははっきりしないまま、治療に行ったパリに到着して後13日目の早暁に、パレスチナ大統領ヤーセル・アラファトの心拍は止まり、また両肺も動かなくなり、その魂は肉体から離れた。

● MEMO ●

〔コメント〕

1. タイトル中の رحل は死去すること、という意味で、死去した人は راحل 死去は رحيل である。ちなみに رحّال となれば、大旅行家である。

2. في الساعات الأولى من فجر اليوم – といえば、早暁の早い時間ということだが、実際は朝4時半に発表が行われたのであった。日本式に時間を細かく出していないでも、特に違和感がないのは、文化の差であろうが、このようなことにも慣れて初めて、その言葉にも慣れることができるのではないだろうか。

3. 1行目の اليوم を見て、今日、という意味に飛びつきやすいが、そうではない。前の例文から死去した日は11日だということを我々は知っているので、12日付の新聞で今日死んだということがおかしいということに気づく人もいるだろう。ここは「パリ到着後13日目」ということを言っているのである。
   もちろん الثالث عشر من – の直前でコンマで切られるか、あるいはもっと丁寧に وهو الثالث عشر من – となっていれば、「13日目に当たる今日」という意味になる。

4. 病気の治療というのに、علاج من مرض というように前置詞を置いている。しかも動詞は عالج で、前置詞なしで目的語を取るので、ますます当惑する。ここは علاج مرض とするほうが、直截で良いと考えられる。

5. 1行目の最後にある、كشف は受身である。これからも何回も受身のケースは出てくるが、徐々に気づくのが早くなるはずである。もちろん مرض は定冠詞なしだから、関係代名詞なしで كشف عنه と続き、ه が مرض を受けている。

6. 肺は رئة でその双数形は、رئتان。

7. 動詞の توقف が二回出てくる。一度は普通の自動詞として使う場合。一方他動詞的に使う場合には目的語は عن で導かれている。

8. 2行目最後の、لتفارق は結果を示す لِ であって、目的を示すのでないことは文意から明らかだ。動詞の فارق は第3型である。そして主語の روح は女性名詞であるので、تفارق となる。

1. 政治関係

例文 6　عرفات في ذمة الله – والعالم يودعه اليوم في جنازة عسكرية بالقاهرة

بعد 40 عاما حافلة بالنضال والمعارك و4 عقود من المناورات والمتاعب والانتصارات والانكسارات – حانت لحظة استراحة المحارب في حياة الرئيس الفلسطيني ياسر عرفات الذي يُوارى الثرى عصر اليوم في رام الله بعد أن لقي وجه ربه فجر أمس في المستشفى العسكري الذي كان يعالج فيه في باريس، تاركا القضية الفلسطينية، والشرق الأوسط على أعتاب مرحلة جديدة غامضة. (الأهرام 11.12.04)

〈全訳〉
アラファトは神の庇護の下へ－
世界は今日、カイロにおける軍葬で彼に別れを告げる

　闘争と戦闘の40年、そして策動、困苦、勝利と敗北の40年を経て、パレスチナ大統領ヤーセル・アラファトの人生に、戦闘員として休息の時が訪れた。パリの軍事病院で治療を受けていたが、昨日早暁神の顔を拝むことができ、本日夕刻、ラマッラーにおいて埋葬されることになった。彼の後には、先行き不透明な新たな段階に入ったパレスチナ問題と中東問題が残されている。

訳後感
　大きな問題のわりには、比較的淡々とした書きぶりである。これは前の例文で見たように、すでに何日も本件をめぐって報道されてきたことが関係している。同時にアラビア語表現も、美文調は後退し事実重視になっていることも影響している。

● MEMO ●

〔コメント〕

1. アラファトの死去という大きな出来事を伝える一面記事を2件取り上げる。

2. タイトル中の神の庇護 ذمة الله の他、神の恵み نعمة الله 神の慈悲 رحمة الله などは普通に使われる。出来るだけその訳語ではなく、概念を理解しておきたい。

3. 1行目の حافلة は女性名詞を修飾している形であるが、その前の عاما は単数形で男性名詞である。しかし意味上、40年という複数の名詞全体を考えて、女性形で修飾してある。

4. 2行目の المُحارب は第3型動詞の能動分詞である。

5. 3行目初めの يُوارى الثرى は受身形である。この動詞は二つの目的語を取ることができるので、土壌で彼を隠す、埋葬する、という意味である。土壌というのには、تراب が普通の言葉であるが、葬儀の関係となるとどうしても特殊な用語が出てくるのはいずれの国も同じようだ。

6. 4行目の عُولج は受身型であり、فيه で関係代名詞を受けているから、「病院で治療されていた」という意味になる。

7. 同行の تاركا はほったらかしにして、というくらいに投げ捨てる語感が強い。これはもちろんアラファトを責める意図ではなく、逆にアラファト亡き後の課題の難しさをアラブ人が感じていることを窺わせる。

1. 政治関係

例文 7   مؤتمر شرم الشيخ يدعو لتجنب القوة المفرطة في العراق

وضعت البلدان المشاركة في مؤتمر "مستقبل العراق" الذي اختتم أعماله أمس في شرم الشيخ بمصر، خلافاتها جانبا، خاصة فيما يتعلق بوضع جدول زمني لانسحاب القوات الأجنبية. وركز البيان الختامي على موضوع المشاركة السياسية وعقد مؤتمر للمصالحة الوطنية في العراق يسبق الانتخابات. وشدد البيان الذي جاء في 14 بندا، على سيادة العراق واستقلاله ووحدة أراضيه. ودعا كل الأطراف إلى تجنب الاستخدام المفرط للقوة. من جهة أخرى، جدّد وزير الخارجية الأمريكي كولن باول دعوة لسورية، بضبط أمن الحدود المشتركة مع العراق. (الشرق الأوسط 11.25.04)

〈全訳〉
シャルム・エル・シェイフ会議はイラクにおける、
過剰な軍事力を避けるよう呼びかける

　エジプトのシャルム・エル・シェイフで開催されていた「イラクの将来」会議の参加国は、その間の意見の相違点、特に外国軍の撤退に関するタイム・テーブルを設けることについては横に置いて、昨日討議を終了した。最終声明では、イラクにおける政治参加と国民和解のための会議を選挙前に開催することが強調された。またさらに、イラクの主権、独立、そして領土的統一（保全）の諸点が、14ケ条からなる声明で強調された。また全ての関係者は、軍事力の過剰な使用を避けるよう呼びかけた。一方で、米国国務長官コーリン・パウエルはイラクとの国境地帯の治安を図るようにとの米国のシリアに対する呼びかけを改めて行った。

● MEMO ●

〔コメント〕

少し長いが文法的な問題は少ない。通読に当たって、息を長く続ける練習をしてみよう。

1．1行目最初の動詞 وضع の目的語は、2行目の خلافاتٍ である。

2．1行目と2行目に動詞の وضع が2回出てくるが、意味は少し違う。初めのは、「相違点を横に置いて」、であるが、次のは、「時間的予定を設けること」という意味。しかしアラビア語としては、両方とも同じ発想で同じ言葉を使って表現されるということは、ここで理解しておきたい。

3．3行目の前置詞 على は、その前の動詞 ركّز と一体である。

4．同行最後の動詞 يسبق の主語はその前の مؤتمر だが、不特定名詞だから関係代名詞なしでつなげられている。(ِ) (ُ) と二つ中間母音があるが ُ が普通。

5．4行目の شدد – على も動詞と前置詞の関係で、一体である。

6．4行目の動詞、جاء の使い方に注意しておきたい。単純な単語だが、ここでのように比較的公式な内容でも使われる動詞である。日本語にすると、「14か条からなる」というだけのことだが、逆に日本語からアラビア語にする時にも役に立ちそうである。

7．4行目から次の行の دعا – إلى も一体。

8．6行目の دعوة بـ というつながりにも留意。ここは دعوة نحوَ --- も可能。

1. 政治関係

例文 8　طه وقرنق يدخلان في مفاوضات مباشرة

دخل الأستاذ علي عثمان محمد طه النائب الأول لرئيس الجمهورية والدكتور جون قرنق زعيم الحركة الشعبية في مفاوضات مباشرة، في وقت رشحت فيه معلومات عن تطلع الإدارة الأمريكية في توصل الطرفين لاتفاق قبل العشرين من الشهر الجاري واعتزام الرئيس الأمريكي جورج بوش دعوة الرئيس عمر البشير وقرنق للاحتفال بتوقيع اتفاق السلام المرتقب في البيت الأبيض. وعقد طه وقرنق اجتماعين صباح ومساء أمس استعرضا تقارير اللجان حول الاتفاق واختلاف وجهات النظر بشأن آليات التطبيق. ولم ترشح أية معلومات حول نتائج محادثات الرجلين غير أن مصادر قريبة من المفاوضات أكدت لـ"الرأي العام" أن محادثات الرجلين التي بدأت من أمس من واقع تقارير اللجان المشتركة لم تتطرق بعد للقضايا المعلقة بما فيها تمويل جيش الحركة.(الرأي العام 12.9.)

〈全訳〉
ターハとカルナックは直接交渉に入る

　共和国第1副大統領のアリー・オスマーン・ムハンマド・ターハと、人民運動指導者のジョーン・カルナック博士は、直接交渉に入った。その際、米国政府は今月20日までに双方が合意に達することを望んでおり、またジョージ・ブッシュ米国大統領はオマル・アルバシール大統領とカルナックの両名をホワイト・ハウスで想定される和平合意署名式に招待するとの情報が入ってきた。昨日朝と夕方、二回に渡り両名は会合を持ったが、その際、合意及びその実施のメカニズムに関する見解の相違についての諸委員会の報告を総覧した。両名による右会合の結果については何の情報も入っていないが、しかし交渉に近いソースは本ラアユ・アーム紙に対し、昨日来の両者の交渉は共同諸委員会の報告総覧から始まったが、人民運動軍の資金調達を含むペンディングとなっている諸課題にはまだ至っていないことを確認した。

● MEMO ●

〔コメント〕

1．2行目 رُشِّحَتْ معلوماتٌ 「情報が伝えられた」。この رشّح は珍しい用法である。

2．前置詞の連関を見ておきたい。2行目 معلوماتٌ عن --- تطلع --- في توصل --- لـ だがその後で、اعتزام (معلومات عن) と続き、اعتزام --- دعوةَ は直接目的語を取っている。

3．4行目の、المرتقب は普通ならば、المتوقع としてしまうだろう。ここらに方言ではないが、立派な文語でも各国の用語選択が異なっている面白みがある。

4．5行目の、استعرضا は双数で、主語は二人の交渉担当者である。

5．6行目の、مصادر は不特定のままになっている点に留意したい。定冠詞を付けても良いかもしれないが、機微な事柄だから不特定のままに残したとも思われる。

6．7行目の、من واقع تقارير اللجان 「委員会報告（の事実・の総覧）から」とあるが、この واقع の一言の使い方はアラビア語として効果的だ。日本語としては余計かもしれないが、「話し合いを始めた」のは報告そのものからでなく、それの検討、ないしはそのレビューからであるから、「報告」の前に何かそのような行為を示唆する言葉がほしくなるのである。実態も重く、全体的に文章的も非常にしまっている印象だ。

7．8行目の動詞、تتطرق لـ--- は第5型で、〜に至る、の意味。وصل より少しこった言い方になっている。

1. 政治関係

例文 9　إجابة وزير الخارجية الشيخ الدكتور محمد الصباح للصحافة

سمعت أن أبو مازن وصل إلى الكويت، وسيقابل غدا سمو رئيس مجلس الوزراء، ونحن نرحب بزيارته، وللأمانة فإن له الكثير من التصريحات الإيجابية تجاه الكويت قبل أن يكون رئيسا لمنظمة التحرير الفلسطينية، وقد حضر إلى الكويت بعد خروجه من السلطة، وشارك في الندوة التي أقامها مجلس الأمة والمتعلقة بمستقبل العراق، وعموما نحن ما يهمنا دعم الكويت للقضية الفلسطينية، فقد دعمنا القضية منذ البداية وسنستمر في الدعم، وموقفنا كما عبر عنه صاحب السمو أن التزام دولة الكويت في مساندة الأشقاء العرب في مواجهة الصراع الإسرائيلي قائم في إحقاق الحق وإقامة الدولة الفلسطينية خصوصا أن المعاناة استمرت 50 عاما، هذا نهجنا الذي نسير عليه، وسنواصل السير. (الرأي العام 04 .12 .12)

〈全訳〉
外務大臣ムハンマド・アルサバーハ博士が記者団に語る

　アブー・マーゼンが昨日クエイトに到着し、明日首相殿下に会うと聞いている。われわれはこの訪問を歓迎する。確かに彼はPLO議長になる前から、クエイトにとって前向きな発言を沢山している。以前政権から出た後、クエイト国会が開いたイラクの将来に関するセミナーに参加するため、クエイトに来たことがある。また一般的に言っても、われわれはパレスチナの大義を支持することを重視し、当初からその大義を支持してきたし、これからも同じだ。イスラエルとの戦いを敢行する上で、姉妹関係のアラブ支持にクエイトがコミットしていることは、権利の実現とパレスチナ国家樹立に立脚していると殿下が述べられた通りである。ましてやすでに50年間も苦難の日々を送ってきているわけで、これがわれわれの道であり、これを歩み続けるであろう。

● MEMO ●

例文9　クエイト（PLO来訪）

〔コメント〕

1．帰国直後の大臣発言を直接引用した記事内容である。

2．1行目、--- سمعتُ أنّ أبا مازن と変化するのが文法だが、便法もあるようだ。

3．2行目の、للأمانة はあまり見かけない表現だ。من الأكيد أنّ --- と言い換えられる。

4．同行の、الكثير に定冠詞はなくてもよさそうだが、ないならば、كثيرًا となる。

5．4行目の المتعلقة は والتي متعلقة بـ --- とするのが正調であろう。もちろん、التي は、الندوة を指している。

6．同行の、--- ما يهمنا دعم الكويت لـ われわれの重大関心事項はクエイトの〜に対する支持である。

7．第5行から第6行、موقفُنا --- أنّ التزامَ دولة الكويت --- قائمٌ في --- と連結している。

8．同義語として、دعم, ساند 及び استمرّ, واصل など類義語や同義語、反義語の一群は、見るたびに整理しておこう。

1. 政治関係

متى يتصدى العالم --- لقضية الألغام؟   例文 10

تشغل قضية الألغام بال الكثير من دول العالم منذ سنوات طويلة عندما قامت الدول الكبرى بزرعها بكثافة في بعض المناطق إبان الحرب العالمية الثانية وما تلاها من حروب، وتعد مصر أكثر دول العالم تأثرا بها إذ يوجد فيها ما يعادل 20 % من جملة الألغام الموجودة في العالم كله، وهي تتركز في الصحراء الغربية وبعض مناطق سيناء. --- ونعتقد أن الحل الأمثل لهذه المشكلة هو عقد مؤتمر دولي لمناقشة أبعادها المختلفة ووضع الحلول المناسبة لإزالة الألغام من مختلف المناطق وفقا لجدول زمني وبمشاركة كل الأطراف المعنية، فالقضية لا تخص بلدا بعينه وإنما تتعلق بالعديد من الدول التي باتت عاجزة أمام هذه المشكلة المستعصية. (الأهرام 04.15.12)

〈**全訳**〉
世界はいつ地雷の課題に直面するのか？

　第二次大戦とその後の諸戦において大国が大量に地雷を各地に敷設して以来、その課題は長年にわたり多くの国々に憂慮を与えてきた。エジプトはこの問題に最も甚大な影響を受けている国と考えられる。なぜなら世界の20％の地雷が埋められており、特に西部砂漠やシナイのいくつかの地区に集中している。――　最良の解決策は、何らかのタイムテーブルの下で、また特定の国だけの課題ではない以上、関係諸国全体の参画を得て、その諸側面討議のための国際会議を開催し、諸地域から地雷を除去するのに適した解決策を決定することではないだろうか。実はこの困難な問題は、相当多くの諸国に関係する問題だが、ほとんど対処不能になっているのである。

● MEMO ●

〔コメント〕

1．少し長い論説記事の、始めと終わりの部分を抽出した。

2．タイトル中の動詞、تصدى لـ ‎ ---‎ 直面する、対峙する、と同義語として多出するのは、واجه لـ ‎ ---‎ である。

3．2行目 بكثافةٍ は濃密に、同行の、ما تلاها は、الحرب العامية الثانية と同格に置かれている。

4．2行目、تُعدُّ مصرُ أكثرَ دولَ العالم という読み方になる。

5．3行目の動詞、يوجد の主語は ما 以下である。直後の動詞、20％に「相当する」、عادل の同義語に、ساوَى がある。達する وصل や、形成する、شكّل も可能。

6．4行目の最後にある、مؤتمرٍ は不定形になっている。常に注目しておきたい。6行目の、جدول も同様だ。

7．5行目の أبعاد 様々な側面、局面といった意味、類義語では نواحي、جوانب などが考えられる。

8．6行目の真ん中にある前置詞、فـ ‎ ---‎ は「従って」ではなく、その前文の理由で、「というのは」という意味。簡単な接続詞だから逆に誤解しないよう要注意。

9．6行目の、بعينه それ自身で、それ自体で、ここでは「その国だけが」の意味。

10．6行目の、إنما は、特定の国ではなく実は～、という強調の意味の接続詞。当然その直前の、لا ‎ ---‎ と意味上連動していることを、玩味して欲しい。

コラム

1. アラビア語—アラビア語辞書；古典

（1）アルカームース・アルムヒート　『大海辞書』القاموس المحيط　イラン人、アルフィールーザーバーディー（1414年没）の著述。語彙掲載の順序は、三文字の語根のうち、後ろの文字から順に整理された。

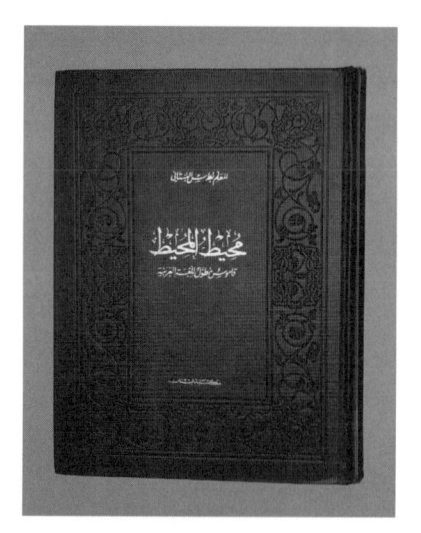

（2）ムヒート・アルムヒート『大洋の大洋』محيط المحيط، تأليف بطرس البستاني
ベイルート、1977年。全体で994ページだが、A4サイズの大版で、相当のボリュームがある。古典語の意味を拾うのに使い慣れておきたい。

２．経済関係

　経済分野の報道で大きなテーマは、一つは石油関係、特に湾岸地域はこれからも関連産業の躍進が見込まれるので、主要な文書はいつもフォローして、新造語にも注意してゆく必要がある。また伝統的な広い意味の経済開発関係も引き続き主要なテーマであることは間違いない。特にWTO関連の用語は数も少なくない。環境問題関連のアラビア語術語、専門語は、地球温暖化などが新造語で現れている。

　このように政治関係よりも新しい用語、術語が出現することの多い経済関係であるが、他方内容的には経済関係のアラブ報道は、緻密なものはあまり多くない。何といってもいわゆる経済専門の新聞がまだ発刊されていないことは驚きだ。ただ経済専門の定期雑誌は発刊されており、新聞についてもその事情は今後変貌し発展するかもしれない。十分注意を要し、油断はできない。

　なお日本の経済動向が報道されることがあっても、以上のようなアラブ報道における経済情報全般についての奥手ぶりを前提に考えておく必要がある。

2. 経済関係

例文 1　رئيس مؤسسة مورجان ستانلي للأهرام : الصعود الكبير للبورصة بداية للانطلاق وفرص الربح والنمو

أكد ستيف نيوهاوس رئيس مؤسسة مورجان ستانلي العالمية ثقته في الإجراءات والخطط الاقتصادية التي تقوم بها الحكومة الجديدة في الوقت الحالي موضحا أن الاقتصاد المصري بدأ يتحرك ليصبح أكثر تنافسية وجذبا للمستثمرين الأجانب والوصول إلى مستوى عالمي في إنتاج السلع والخدمات. (الأهرام 04 .1 .11)

〈全訳〉
モーガン・スタンレー財団理事長がアフラーム紙に語る：
株価の大上昇は、船出と利益・成長の機会の端緒である

　世界的なモーガン・スタンレー財団理事長のスティーブ・ニューハウス氏は、新政権が現在取っている諸措置と経済計画に対する信頼を表明した。そしてエジプト経済は、外国人投資家を惹き付け、製品、サービス生産の世界的な水準に到達するなど、その競争性を強め始めたと、明言した。

● MEMO ●

例文 1　エジプト

〔コメント〕

1. タイトル中の「アフラーム紙に対して」 للأهرام は、原文では للأهرام となっている。つまり الأهرام の前に、ل を挿入しただけのつづり方にしてある。これはこのように特別の書き方をして、アフラーム新聞 جريدة الأهرام と特に言わなくてもその意味を出そうという、一種の便法である。

2. 本文1行目のモーガン・スタンレーの後に العالمية という言葉で修飾している。不必要ではあるが、このような修飾はよく見受けられる。世界的である、というのは、アラブ人の好きな言葉の一つである。また新聞では、読者の注意を惹こうとする書き手の心理が働いているのであろう。4行目にも、また出てきている。

3. 動詞の أكد の目的語は、一行目最後にある、ثقته である。

4. 2行目の最後にある、موضّحا は、第2型動詞の能動分詞の対格。

5. 3行目 أكثر تنافسية となって 女性形のようにされたのはなぜか。一つは مصر が女性名詞だから、「エジプトがより競争力をつける」という解釈にひかれるかもしれない。しかし تنافسية は أكثر の後ろで名詞であって、形容詞ではないから、エジプトが女性名詞であることは関係しない。
　　正解は تنافس という第6型動詞の動名詞に ي をつけていったんは形容詞にしてから派生させた名詞の対格 تنافسية と読む方法である。「（エジプト経済の）競争性は強まる」と読める。

6. 注意を惹く、という表現はよく使うので、文章中の جذب に加えて、もう一つの動詞 استقطب を紹介しておく。

7. 5行目の動詞 بدأ の目的語として、الوصول が置かれている。ここはもちろん、その前の يتحرك にあわせて、يجذبُ، ---، يصلُ--- とも書ける。

2. 経済関係

مثال 2   ارتفاع قيمة السيولة النقدية في السعودية إلى 121 مليار دولار

ارتفعت السيولة النقدية في الربع الثالث من العام الحالي إلى معدل قياسي بوصولها إلى 451،9 مليار ريال (120،5 مليار دولار) لتحقق بذلك ارتفاعا نسبته 14 في المائة عن مستواها في الفترة نفسها من العام السابق والذي كان 396،4 مليار ريال (105،7 مليار دولار).
(الشرق الأوسط 11.9.04)

〈全訳〉
サウジの通貨流通額は１、210億ドルに増大

　本年第３四半期における通貨流通は４、519億リアル（１、205億ドル）という記録的数値に達したが、昨年同時期の水準は３、964億リアル（１、057億ドル）であったので、それより14％増大したことになる。

● MEMO ●

〔コメント〕

1. タイトル他の数字はアラビア数字を使用している。一般にインド数字も多く使われるので慣れる必要がある。

2. 同様にタイトルにある、ارتفع という動詞はもともと高騰、上昇するという意味だが、ここでは増大した、という意味に使われている。

3. 第3四半期 الرُبع الثالث は、他に応用できるので、しっかり記憶しておきたい。

4. 「記録的な平均値あるいは水準」معدّل قياسي 、ちなみに世界新記録を作る、は سجّل قياسا عالميا جديدا

5. アラブの数字表記では、コンマと点は日本語や英語の場合と、逆になるので注意。アラビア語で451、9十億リアルは、4、519億リアルということである。

6. 百万は مليون 、十億は مليار あるいは بليون で、さらに兆は تريليون 。

7. 2行目の لتحقق は、結果を示しているが、通常は ‐‐‐ لِ は目的を示す。

8. 代名詞の使い方がいろいろ出てきているので、注目しておきたい。1行目の وصولها は、السيولة を、2行目の نسبته は ارتفاعا を、مستواها は再び السيولة を指している。また3行目の نفسها は前の行の الفترة を指している。これらは字面を見ていても区別がつかないが、ここの4ケの例のうち、最初と3番目のものは意味のつながりから読み取る。2番目のものは定冠詞のない名詞に続いているので、関係代名詞を使っていないことにすぐ気づくことが必要。4番目は名詞の直後の نفس であるから、〜自身、同〜という時の慣用句と考え、それについている代名詞はその直前の名詞を指していることになる。

9. الذي は前の مستواها を受けているが、どうしてその前に و を入れたのであろうか。一つには、この関係代名詞の前にいくつかの単語が入り、下手をしたら العام السابق を受けているようになってしまうからである。しかしそれ以上に、ここで一息をついていることに気づいてほしい。あまりにいろいろの意味が一度に入ってくるのを避けるための、アラビア語独特の و の使い方で、よく見られるので慣れる必要あり。

2. 経済関係

例文 3　أسعار النفط العالمية تتراجع لأكثر من دولار مع توقع زيادة المخزون الأميركي

هبط الخام الأميركي الخفيف في العقود الآجلة في بداية التعاملات ببورصة نيويورك التجارية أمس، أكثر من دولار وسط توقعات بزيادة مخزون النفط الآميركي الأسبوع الماضي للأسبوع السابع على التوالي.(الشرق الأوسط 11. 10. 04)

〈全訳〉
世界の石油価格は、米国の備蓄量増大の期待から、１ドル以上下落する

　昨日のニューヨーク市場取引開始直後、先物取引における米国軽質原油価格は１ドル以上下落した。これは先週で７週間続いた米国石油備蓄量増大に、期待が寄せられているからだ。

● MEMO ●

例文3　石油（価格）

〔コメント〕

1. タイトル文の動詞 تتراجع に続いて、لأكثر とあるが、もちろん لـ--- はなくてもよい。その場合は أَكثرَ とファタハを付けて、対格として読むことになる。

2. タイトル中の مع は意味上は原因を示しているから、بسبب とも言えるところである。

3. 1行目の الخام の前には「石油」が入っていないと、「原油」の意味にはならないが、ここでは省略されている。

4. 「後払い」がここにある عقد آجل である。逆に先払いは、عقد عاجل だから、発音上注意を要する。聞き取るのも、内容をつかんでいないとまず確信が持てない。ちなみに両者の間にあるのが、分割払い التقسيط である。なお原文にはアリフの上のマッダは書かれていなかったが、ここでは挿入しておいた。そのような符号がなくても読破するくらいに、読み込んでほしい。

5. 「後払い契約（複数形）において」とは、先物取引であるが、الصفقات الآجلة とも言われる。

6. 2行目で、وسط توقعاتٍ となっていて、不定名詞になっていることに、注意しておこう。前置詞に続く名詞は、しばしば不定形だが、一般化は難しい。

7. 2行目「期待」の内容は、前置詞の ب--- で導かれていることに注目しておきたい

8. 2行目の أكثرَ、وسطَ、الأسبوعَ などはすべて副詞用法である。最後の母音にはファトハを付けて、対格とすること。

9. 2行目最後の、للأسبوع السابع というのは7週連続、という意味。省略された表現であり、この句以降を言い換えれば、وهو سابع أسبوع على التوالي となるが、この言い方の方が、意味ははっきりする。

10. 継続して、というのに على التوالي の他に باستمرار が普通に使われる。

2. 経済関係

例文 4

سابك : منطقة الخليج تتحول بسرعة إلى مركز عالمي للصناعات البتروكيماوية باستثمارات إضافية تقدر بـ 40 مليار دولار حتى 2010

قال مسؤول كبير في شركة "سابك" السعودية العملاقة أمس، إن منطقة الخليج بدأت تتحول إلى مركز عالمي رئيسي للصناعات البتروكيماوية بفضل انخفاض التكاليف وتوفر اللقائم الضرورية لهذه الصناعات بكميات وفيرة بأسعار رخيصة. وقال حمود التويجري نائب الرئيس ومنسق الصناعات البتروكيماوية في "سابك": "إن توافر اللقائم بأسعار منافسة والقرب من الأسواق المزدهرة، يجعل دول مجلس التعاون الخليجي الخيار الأول عالميا لإقامة مجمعات جديدة للبتروكيماويات والاستثمار فيه". (الشرق الأوسط 11.24.04)

〈全訳〉
SABIC によると、2010 年までに更に 400 億ドルの投資があり、
湾岸地域は急速に石油化学工業の世界的中心になる由

　昨日、サウジの巨大企業 SABIC の幹部は、経費軽減と石化に必要なバイトが安価で大量に提供されることから、湾岸地帯は同産業の世界的に主要な中心になり始めている述べた。同社副社長兼石化調整役のハムード・アルトワイジャリー氏は更にいう、バイトが競争価格で大量に出回り、また良い市場に近いことは、湾岸協力理事会諸国を石化コンビナートを新たに建設し、投資する、世界第一の選択肢にしている。

● MEMO ●

例文4　石油（投資）

〔コメント〕

1. 少し長いが、構造的には複雑ではない。タイトル中では、تقرب بـ --- という前置詞に留意したい。

2. 1行目の形容詞 عملاق は、スーパースター نجم عملاق などに用いられている。

3. 2行目の بفضل --- という語句は、～のお陰で、という意味だが、日本語からの翻訳ではよく使う。周囲への気配りという、日本人の習性のせいか？

4. اللقائم は普通の辞書には出ていないこの産業用の言葉。バイトというそうである。

5. 3行目の وفير 潤沢な、という言葉も、類義語が少なくない。豪雨などは غزير、ありがたさや一般に溢れる気持ちは جزيل、金銭的な余剰は فائض など。

6. 5行目の مجمّعات 集合、集団といった一般的な意味よりも、慣用的には工業コンビナートを指すのによく用いられる。

7. 6行目の فيه は投資先を示している。代名詞からして、男性名詞を探すと الخيار الأول があるので、投資先として第一の選択、と読み取ることが分かる。
　　これがもし فيها となっていれば、مجمعات جديدة に投資するということになるのであろう。

8. 定冠詞を伴っていない名詞を総ざらいして、そうなる理由を確かめておくと良さそうだ。タイトル中の استثمارات إضافية はどの投資か特定されれば、定冠詞が付くケースだが、بسرعة は定冠詞が付くような場合は考えられない慣用句、مركز عالمي は一つの世界的中心、ということで、不特定にする意味があるケースである。どの場合は不特定に残すべきかはっきりしないこともあるが、徐々に精度を高めてゆきたい。

45

2. 経済関係

例文 5   "سابك" السعودية تؤكد زيادة إنتاجها من حديد التسليح 5%

نفى نائب رئيس مجلس إدارة الشركة السعودية للصناعة الأساسية "سابك" ورئيسها التنفيذي المهندس محمد بن حمد الماضي أن تكون شركة "حديد" التابعة لسابك قد قلصت إنتاجها خلال الأشهر القليلة الماضية أو أن تكون مبيعاتها في السوق المحلية قد تراجعت، موضحا أن إنتاج الشركة السعودية للحديد والصلب "حديد" وهي أكبر منتج للصلب في السعودية بلغ في الأشهر التسعة الأولى من العام الحالي 1،97 مليون طن متري من حديد التسليح بزيادة 5 في المائة عن إنتاج نفس الفترة من العام الماضي.(الشرق الأوسط 11.11.04)

〈全訳〉
サウジSABICは強化鉄の5％生産量増大を確認する

　サウジ基礎産業公社SABICの経営理事会副会長であり、執行最高責任者である技師ムハンマド・ブン・ハムド・アルマーディーは、SABIC傘下のハディード社がこの数ヶ月間生産を落とし、国内販売も後退しているということを、否定した。サウジで最大の鋼鉄生産をしている鉄鋼会社であるハディード社は、本年初めの9ヶ月間に1.97百万米トンの強化鉄を生産したが、それは昨年同時期に比較して5％の増大に当たる、と同技師は説明した。

● MEMO ●

〔コメント〕

1．本文は長いようだが、固有名詞が多いので、それほど説明を要しない。

2．サウジの経済を語る時、SABIC/Saudi Arabian Basic Industries Corporation は最重要機関の一つ。

3．強化鉄、鋼鉄、粗鉄はそれぞれ、حديد التسليح، الصلب، حديد خام أو حديد غُفْل

4．タイトル中の５％は副詞用法、ここは前置詞の ب--- で導いてもよいケースだ。

5．冒頭の動詞 نفى の目的になるのは、二回出てくる أن で導かれる文節である。

6．２行目 أن に続く動詞が、تكون قلصت 及び تكون تراجعت となっている。それぞれ تكون をなくしても、意味上はほとんど同じである。これは特殊なケースで、أن と次の تكون が組み合わさって、動名詞の كون を形成していると読む場合である。これは文法でも上級の部類で、「解釈による動名詞」مصدر مُؤوَّل といわれる。だから أن تكون قلصت で、減少した状態、といった意味になる。西欧式の文法だと、未来完了形などといわれるだろうが、話の内容は過去数ヶ月の趨勢だから、未来ではない。普通はあまりアラブ人にも好まれない用法だから、われわれは使うことはないが、出くわした時に驚かないようにしておきたい。

7．３行目 موضّحا は、「説明した」という意味で、第２型動詞の能動分詞対格である。例文１の〔コメント〕４に既出。同根の第４型、أوضح は「明らかにした、公表した」という意味で、第２型と意味上重なるところもあるが、政府のスポークスマン発表などの場合によく用いられる。

8．５行目最後の前置詞、عن は、زيادة ٥ في المائة を受けて、～より５％増大、と言っているのである。

2. 経済関係

例文 6　الصناعة

هي أصل من أصول التقدم، وعامل من عوامل النجاح، وسبيل إلى الغنى والثروة، واللذين بهما تحس حال الأمة، ويرقى شأنها، ويعز سلطانها. وظهر منها النجار والبناء والحداد والفلاح والنساج وصانع الآلات والأدوات وغير أولئك ممن أعزّوا بلادهم، وقدموا أمتهم، ونالوا عزّ الدهر. وإن الصناع والعمال الذين أوصلوا أمتهم إلى ذروة الحضارة وينابيع الغنى والثروة، وأغلبهم من العامة وأكثرهم من السوقة. فهؤلاء الذين أسسوا أركان التمدين والحضارة، وعملهم هذا لا يعد ضئيلا أمام عمل الجنود، بل هو أحسن مغبّة وأفضل خاتمة وأعظم جهادا في سبيل رقي الأمة والبلاد.(من "جواهر الإملاء" ص 236)

〈全訳〉
産業

　産業は進歩の根本、成功の要因、豊かさと富への道である。この二つであなたは国の状態を知り、その重要性は高まり、その権威は強まる。産業には、大工、建築家、鉄工業者、農民、繊維業者、機械製造業者、そのほか国を強くし、前進させ、時代の誇りとなる人たちがいる。産業人と労働者が国を文明の頂点と豊かさと富の源泉に導くが、彼らの大半は大衆であり、民衆である。都市化と文明の支柱を樹立した人たちの行為は、兵士の行いに比べて小さいどころか、共同体と国の向上にとって、最善の結果、最良の結論、そしてもっとも偉大なジハードなのである。

● MEMO ●

〔コメント〕

1. 1行目に、أصل、عامل、سبيل と三つ並べられているのに留意したい。繰り返しで調子を取っているのである。

2. さらに2行目半ばまでも、حسّ、رقي、عزّ の三つの動詞が並べられている。主語はそれぞれ異なっているので、左の〈全訳〉で確認しよう。

3. アラビア語では、産業と工業の二つの用語は同一であるが、2行目まできて大工、建築家、農業従事者などが出てくるので、ここでは産業が意図されていることがわかる。

4. 3行目の「その他の」に注意しよう。日本語からはすぐに、إلى آخره が出てきてしまうから、ここにあるように غير أولئك ممن --- も自分のものにしたいところだ。

5. その直後の動詞としては、またまた、أعزّ، قدّم، نال の三つが出てくる。日本語では三拍子というが、その意味では日本人にとっては慣れるのに苦労しないだろう。

6. 文明という言葉には、حضارة، مدنية، عمران があって、アラビア語では日本語よりもしばしばお目にかかる用語である。مدّن は第2型動詞だから、文明化、の他に都市化の意味も見出せる。訳出上そうしたのは、文明化と文明の支柱、では意味をなさないと見られるからである。しかしここまで来ると、執筆者の意図を確認する必要がある。

7. 3行目の最後から始まる文章は、未完結のまま次の --- وأكثرهم، وأغلبهم に繋がっているようにも見られる。しかし主語として代名詞の هم を入れて読むと素直に理解できる。إن الصناع والعمال هم الذين ---

8. 5行目の、هؤلاء 以下も同様に、主語として هم を、الذين の前に補って読む。

2. 経済関係

例文 7　دول التعاون تدرس إقامة بنك مركزي موحد على غرار البنك الأوروبي

كشف مسؤول خليجي أن دول الخليج تدرس حاليا البدائل المقترحة للسلطة النقدية التي ستتولى رسم السياسات النقدية، وإصدار العملة الموحدة لدول المجلس، وإدارة احتياطي السلطة النقدية، مشيرا إلى أن الجهة التي ستتولى مهام إصدار العملة الموحدة ووضع وإدارة السياسات النقدية الموحدة، وتحديد علاقاتها بالسلطات النقدية الوطنية، ستكشف عن كل هذه التفاصيل في موعد أقصاه منتصف 2006. (الشرق الأوسط 11.24.04)

〈全訳〉

湾岸協力理事会諸国は、欧州銀行のモデルに倣って、統一中央銀行設立を検討中

湾岸諸国は現在、通貨政策の策定、理事会諸国の統一通貨発行、及び通貨当局の外貨準備運営に当たることになる通貨当局に、現在提出されているいくつかの選択肢を検討中である旨を、GCC関係者が明らかにした。その際、統一通貨の発行、統一通貨政策の決定と運営、また各国通貨当局との諸関係のあり方を定めるといった責務を負うことになる関係当局が示唆したところによると、以上の事柄の詳細について、遅くとも2006年年央までに明らかにするであろうということだ。

訳後感

随分内容的に繰り返し部分が多くて、読むものを惑わすが、このような日本語ではありえない事象に慣れることも、言葉の学習の一端である。

● MEMO ●

〔コメント〕

1. 湾岸協力理事会 Gulf Cooperation Council مجلس التعاون الخليجي おなじみの組織だが、タイトルに دول التعاون とあるのは、この理事会のメンバー国を指している。

2. على غرار --- ～をモデルとして、という定型句。同じモデルでも、理想という意味では、قدوة という単語がある。パターンという意味では、طراز、نمط などが用いられる。類義語では、見本 نموذج ج نماذجُ もある。

3. 1行目 كشف は目的語を直接に取ることもできるが、前置詞を使う場合は عن だから、عن أن となる。4行目には、كشف عن كل --- とある。

4. 2行目の احتياطي は予備、備蓄、準備金という意味であるから、しばしば使われるのは、金融、石油、軍事関係である。形容詞型で名詞扱いにされている例。

5. 動詞の أشار إلى の能動分詞を対格にして、副詞的に用いているのが、مشيرا إلى。

6. 3行目の الجهة は、その前に出ている السلطة とほとんど同じ意味に取れるが、後者のほうは具体的に組織としてはっきりした部局を指すものとして用いられ、前者はそれを含むがもう少し広く「関係当局」を指していると見られる。

7. 3行目 وضع السياسات は1行目の رسم السياسات と比べて違いはあまりない。もちろん رسم は政策の決定よりは前の段階で、政策策定、というように区別することもできる。

8. في موعدٍ أقصاهُ --- 最も遠い時期として、という言い方だが、أبعدُه とも言える。ちなみに「極東」というのは、الشرق الأقصى である。

2. 経済関係

例文 8　غدا ... السلطنة تشارك في الاجتماع الأول لمنتدى المستقبل بالمغرب

تشارك السلطنة خلال الفترة من 10 إلى 11 ديسمبر الجاري في الاجتماع الأول لمنتدى المستقبل الذي سيعقد في العاصمة المغربية الرباط بوفد رسمي يترأسه معالي محمد بن ناصر الخصيبي أمين عام وزارة الاقتصاد الوطني نيابة عن معالي وزير الاقتصاد الوطني وعضوية كل من سعادة السيد بدر بن حمد بن حمود وكيل وزارة الخارجية وسعادة الدكتور عبد الملك بن عبد الله بن زاهر الهنائي وكيل وزارة الاقتصاد الوطني وسعادة السفير عبد الله بن محمد الفارسي سفير السلطنة المعتمد لدى المغرب وحمود بن عبد الله العلوي مدير عام العلاقات الاقتصادية بوزارة الاقتصاد الوطني والدكتور سعيد بن سليم الكيتاني رئيس مكتب وزير التربية والتعليم والسكرتير الأول حمد ابن علي المعني مدير مكتب الشؤون السياسية بدائرة مكتب وكيل وزارة الخارجية والسكرتير الأول عبد العزيز بن موسى الخروصي مدير مكتب التنسيق والمتابعة بدائرة مكتب وكيل وزارة الخارجية. (الوطن 12.09.04)

〈全訳〉
明日のモロッコにおける将来クラブ第 1 回会合にオマーンが出席

　今月 12 月 10 日から 11 日、モロッコの首都ラバトで開催される将来クラブの第 1 回会合にオマーンが参加する。その公式代表団の長は、国民経済大臣閣下の代理である同大臣秘書長ムハンマド・ブン・ナーセル・アルフサイビー閣下であるが、そのほかのメンバーは次の通り。外務次官バドル・ブン・ハマド・ブン・ハムード閣下、国民経済次官・博士アブド・アルマリク・ブン・アブド・ザーヒル・アルハナーイー閣下、アブド・アッラー・ブン・ムハンマド・アルファーリシー・モロッコ駐在オマーン大使閣下、国民経済省経済関係局長ハムード・ブン・アブド・アッラー・アルアラウイー、教育大臣室長サイード・ブン・サリーム・アルキーターニー博士、外務次官事務局政務室長ハマド・ブン・アリー・アルマアニー一等書記官、外務次官事務局調整・フォローアップ室長アブド・アルアジーズ・ブン・ムーサー・アルフルーシー一等書記官

〔コメント〕

1．オマーンのワタン紙から取った。同名の新聞が、クエイトやカタルにもある。

2．会議への出席者の名前がやたらたくさん続いている。文章の練習としては少し躊躇されるところだが、このような例を見ておくことも意味があるかと思われる。自国のニュースが少ない国情から、このような例が少なくないからだ。

3．2行目の半ばからは、すべて代表団のメンバーの肩書きと氏名が羅列されているわけだが、3行目の後半、عضوية で一端は文章上切れている。

4．政府高官の称号は国により異なる。大臣の場合、3行目にあるように大半は معالي である。その代理出席者であるとして2行目に出ている秘書長あるいは官房長は、同じ称号であるからそのポストは閣僚級であるということになる。次いで外務次官と国民経済省次官や大使の称号は、سعادة を使っている。これもほぼ定番と言える。

2. 経済関係

例文 9   "الإثيلين – 2" ولي العهد يُطلق مشروع توسعة

أطلق سمو الشيخ تميم بن حمد آل ثاني ولي العهد مشروع توسعة مصنع "الإثيلين – 2" لشركة قطر للبتروكيماويات المحدودة (قابكو) حيث شمل برعايته الكريمة صباح أمس حفل وضع حجر الأساس في مدينة مسيعيد الصناعية، وألقى سعادة السيد عبد الله بن حمد العطية النائب الثاني لرئيس مجلس الوزراء وزير الطاقة والصناعة كلمة خلال الاحتفال، أكد فيها أن وضع حجر الأساس للمشروع يعد إضافة جديدة للشركة وصرحا آخر في سجل إنجازات "قطر للبترول".
(الوطن 12.10.04)

〈全訳〉
皇太子が"エチレン2"拡張プロジェクトを始動

　シェイフ・タミーム・ブン・ハマド・アール・サーニー皇太子殿下は、カタル石化有限会社（カブコ）の"エチレン2"工場の拡張計画を始動し、昨日午前、そのご臨席の下でマシーイード工業都市での定礎式が行われた。また第2副首相兼エネルギー・工業大臣アブダッラー・ブン・ハマド・アルアティーア閣下はその式典で挨拶し、本プロジェクトに礎石が置かれたことは、本会社に対する新たなページを加え、カタル石油会社の業績録の更なる金字塔である、と述べた。

● MEMO ●

〔コメント〕

1. カタルからのローカル・ニュースを取り上げる。タイトル中の、مشروع توسعة は、～拡張プロジェクト。動名詞として توسيع مشروع と言えば、プロジェクトの拡張、でありこれらの違いをはっきりおさえよう。

2. 1行目、始動させる、にぴったりの語感が、أطلق から伝わってくる。

3. 2行目の、حيث の微妙な意味を汲み取っておきたい。場所を示すのが本来だろうが、ここではそうでもない。その時、という時間を示すとも読める。ここではさらに、～することによって、というように理由を指していると読めば一番自然だろう。

4. 同行の動詞、شمل の目的語はかなり離れた حفل だから、前置詞の على を使うと関係がはっきりするので、その方が良いかもしれない。

5. 4行目の、مجلس الوزراء の後に、接続詞の و が入るのが普通だろう。

6. 同行の أكد فيها は、その前にある كلمة を受けている。

7. 5行目の、يُعَدّ は يَعُدّ の受身形である。

8. 同行の、صرح صروح は、辞書的には建物の意味だろうが、ここでは金字塔という言葉がぴったりだ。

9. سِجلّ も辞書的には、記録という意味が出てくるが、～語録、～紀、といったニュアンスで用いられうる言葉である。例えば、わが国の古事記も、سِجلّ القدامى と訳したい。

10. 会社や店の名称として、قطرُ للبترول のような命名法が一般的だ。例えば、شركة مصرَ للقطن والنسيج エジプト綿花・織物会社など。

2. 経済関係

例文 10　農業

الزراعة هي الوسيلة العظمى، والسبب الأقوى في بقاء الإنسان والحيوان وعيشتهما في الحياة، إذ منها يكون الغذاء والسكن، واللباس، والأثاث، والمتاع، وكل خير وهناء. نرى الأرض هامدة لا زرع فيها، ولا نبات، فإذا أرواها الزارع بجده ونشاطه بعد فلحها وإلقاء البذر بها، اهتزت، وربت، وأنبتت من كل زوج بهيج، فيجني منها غذاءه وغذاء أهله وحيوانه، ثم يدخر ما شاء، ويبيع ما شاء، فيفيد نفسه ويفيد الناس منه، ويُغنيها ويغني أمته متى كان عاقلا مدبرا، لا مسرفا مبذرا.("جوهر الإملاء")

〈全訳〉

　農業は人と動物の生存と日々の生活にとって、最大の手段、最強の要因である。というのは、それから食（滋養）、家、衣類、家具、生活用品、そして凡ての恵み（良いこと）と幸せ（喜び）を得るからである。耕作されず緑（草）もない枯れた土地を見て、それを農民が耕し種を蒔いてから熱心（熱をいれて活発）に水をやれば、種子は躍動し膨らんで、凡ての植物が雌雄で美しく萌え出る。それからは自分と家族と動物の食料を獲得し、また望みどおりに貯蔵したり、売ったりできる。かくしてその人は、自分を益し、周りの人々もそれから益する。さらには彼が手はずを整えて理性的であり、浪費や贅沢をしないでいれば、その土地とその国を豊かにするのである。

● MEMO ●

〔コメント〕

1. 1行目の二つの単語、عيشة、حياة を区別しよう。後者は、その前の بقاء とも関連していて、بقاء الإنسان --- في الحياة であり、عيشتهما في الحياة である点を見逃さないようにすること。「生存と日々の生活」とでも訳せる。

2. 日本語では、衣食住、という順序だが、アラビア語では、「食、住、衣」となっているのにも留意しよう（2行目）。

3. 2行目、乾いた（土地）عقيمة 不毛の（土地）هامدة、قاحلة、يابسة

4. 全体を通じて、代名詞がどれを指しているかに注意して、文章のつながりを間違えないようにしよう。これほど多くの代名詞を続けて使用しているのは、それで音の調子を作り出す効果が配慮されていると見るべきであろう。
   — 2行目初めの、منها では農業（الزراعة）を指している。
   — 3行目の単語、يغنيها、بها、فلحها、أرواها、فيها、4行目の منها、5行目の では土地（الأرض）を指す。
   — 3行目の、نفسه、بجده، نشاطه、4行目の حيوانه、غذاء أهله、5行目の أمته は農民（الزارع）を指す。
   — 4行目の منها は、その前の行の種子（البذر）を指す。
   — 5行目の、منه は4行目の、غذاء と見られるが、同時に ما يشاء も含んでいるとも読める。

5. 2行目の、نرى الأرض هامدة から、4行目の、كل زوج بهيج までについては、クルアーン巡礼章第5節から取ってあるので、原典を参照のこと。

コラム

2．アラビア語ーアラビア語辞書；現代

（1）アルムンジド 『手助けー言語と人名』 المنجد في اللغة والأعلام ベイルート、2002 年。前半の言語部分が、1014 ページ、後半の人名部分が、628 ページで、最後には年表や地図が付けられている。

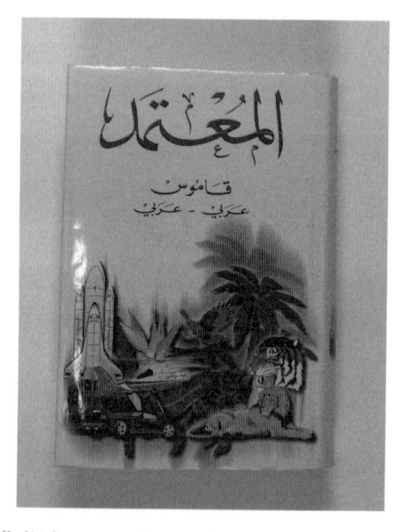

（2）アルムウタマド『典拠』 المعتمد ベイルート、2000 年。全体で 806 ページ。印字も細かすぎず参考図が豊富なので、一番使いやすい。掲載された語彙数は、Hans Wehr 以上である。

3．文化関係

　文学と報道の言語が、現代アラビア語の二つの大きな分野であるが、そのうち報道についていうと、文化関係は、「文化及び芸術 ثقافات وفنون 」という欄で報道されることが多い。しかしそのうちかなりは映画関係や様々なショー（舞台演劇、歌謡、ファッションなど、日本でいう芸能関係）を巡ってである。またかなり欧米のそれらの分野の動きにも関心が高いことから、掲載件数が多いといえる。そのような場合には、記事内容の相当部分は、欧米人や企業などの名前で占められるようになるので、アラビア語としては良い材料でなくなってしまう。

　スポーツ欄は後で見るように、文化とは別扱いになっているのが普通である。また日本で盛んな連続小説はないし、また書評欄や読書欄は日本では週末に盛んだが、アラブでは件数は少なく、一つのジャンルにはなっていない。ただし文芸関係には、専門の雑誌類が豊富にあるので、それらが新聞の出番を少なくしているとも言える。

3. 文化関係

例文 1　　عشرة آلاف عمل فني تحكي قصة الحضارة الإسلامية

تشهد الصالة الوطنية للفن في واشنطن (ناشيونال غاليري) معرضا لمجموعة نادرة من قطع الفن الإسلامي تضم أكثر من مئة عمل مختار من إحدى أشهر المجموعات الإسلامية التي يملكها متحف فيكتور وألبرت في لندن، والتي تضم أكثر من عشرة آلاف عمل تحت عنوان : <القصر والمسجد : الفن الإسلامي>. ومن المتوقع أن المعرض هذا سيسهم في إزالة سوء الفهم حول الإسلام في الولايات المتحدة . (الشرق الأوسط　10.25.04)

〈全訳〉
一万個に上る美術品がイスラーム文明を語る

　ワシントンのナショナル・ギャラリーの国家芸術ホールで、貴重なイスラーム美術品の展示会が行われる。100点以上が陳列されるが、それは最も有名なイスラーム関係収集品の一つであるロンドンのヴィクトリア・アルバート美術館所蔵の一万点以上の中から選ばれている。右収集品は＜城とモスク・イスラーム芸術＞と名づけられている。そしてこの展示会により、米国におけるイスラームに対する誤解が解かれることが期待される。

● MEMO ●

〔コメント〕

1. タイトル中の動詞の類義語として、حكى、عرض، شرح، أضاء، أوضح --- などがここの文脈では考えられる。

2. 1行目、展示会 معرض を行う、という動詞が شهد になっていることに注意。もちろん 普通の「行う」 عمل も考えられるが、それでは結局外人のアラビア語になる。この場合、أقام が一番標準的であろう。يُقام في الصالة معرضٌ

3. ギャラリーのギャ音の表記方法は、غ になっている。ここは ج も考えられる。ギャ音の ج は、ج القاهرية と言われる。

4. 2行目 تضم の主語は何か？それは、مجموعة であり、直前の単語ではないので、注意。

5. 同行 مجموعة を指しているので、إحدى と女性形になっている。

6. 2行目と3行目で、ضم が繰り返し使われているのは、作文上は疑問。類義語には、احتوى على، تكوّن من، اشمل على などがある。

7. 芸術品も美術品もアラビア語では同じだから、注意。فن جميل と修飾すれば美術。

8. 作品とピースの言い方。عمل ج أعمال، قطعة ج قطع

9. متحف ج متاحِفُ もアラビア語では美術館か博物館か区別されない。

10. 4行目 أسهم 参画する、貢献する。前置詞は في となる。

11. 4行目の、除去 إزالة の類義語として、消去 امّحاء（第7型動名詞）、追放 طرد، إبعاد などが当てはまる。إبادة は殺して除去する、の意味で、殺虫剤は مُبيداتُ الحشرات.

12. 同行、双方の誤解であれば第6型動詞で、سوء التفاهم となる。

3. 文化関係

例文 2　أكثر من مليوني مصلّ أدوا صلاة القيام وشهدوا ختم القرآن في مكة المكرمة والمدينة المنورة (11.12.04)

اجتمعت قلوب المسلمين من مختلف أنحاء العالم مساء أول أمس، تتطلع إلى شاشات الفضائيات وإلى القنوات التلفزيونية والإذاعية التي نقلت حدثا، يتكرر كل عام من مكة المكرمة والمدينة المنورة، إلى حيث وقف أكثر من مليوني مصل في المسجد الحرام، والمسجد النبوي الشريف يتوجهون بالدعاء إلى المولى سبحانه وتعالى، يرددون كلمة "آمين---آمين---آمين" وراء أئمة الحرمين، الذين خنقتهم العبرات، بأن يتقبل الله صيامهم وقيامهم، وأن يبلغهم رمضان المقبل وهم في صحة وأكمل عافية، وذلك في أجواء روحانية صادقة. (الشرق الأوسط　11.12.04)

〈全訳〉
二百万以上の人が暁前の祈りをささげ、マッカとアルマディーナで
クルアーン読誦完了を実見

　一昨日夕刻、世界各地のムスリムの心は衛星放送、テレビ・ラジオ放送の画面の前で、一体になった。それは毎年繰り返されることだが、二百万以上の人がマッカの聖モスクとアルマディーナの預言者モスクにおいて、神—称えあれ、そして崇高たれ–への祈願をして、また両モスクのイマームの後から"アーミーン、アーミーン、アーミーン"と唱えて、参集する行事である。イマームたちは、その断食と暁前の祈りが受け入れられ、来年のラマダーンまで健康で元気が続くように、感涙にむせて祈念するのである。そしてこれらすべては真に霊的な雰囲気の中で行われる。

● MEMO ●

〔コメント〕

1. ラマダーン月の最後の10日間の夜は、啓示の降りた運命の夜、ライラト・アルカダルを待つ日々である。本記事はその模様を伝えている。

2. タイトル中の مصلٍ そして أدّوْا となる理由は文法上の問題。前者は صلّى の能動分詞、後者は أدّى 第2型動詞の過去形第3人称男性複数形。

3. タイトル中の صلاة القيام は暁直前の祈り、ختم القرآن はクルアーン読誦完了。

4. 1行目の世界各地から、من كل ربوع (أنحاء)、من مختلف أنحاء العالم 、また世界中から、العالم などもよく使われる。

5. 同行、動詞の تتطلع は能動分詞のように用いられ、意味上の主語は قلوب المسلمين である。

6. 2行目の動詞 يتكرر の主語は、その直前の حدثاً である。不特定名詞だから、関係代名詞なしでつながっている。

7. 3行目の إلى حيث は、そこへという意味で、حيث だけでも意味は出ているが、إلى で強調している。このような前置詞の使い方もあるが、少々古風になる。

8. 4行目の يرددون، يتوجهون 両方とも上の〔コメント〕5．と同じで、能動分詞的に用いられている。いずれもそれらの現能動分詞を用いて、يرددون، يتوجهون でも可能。

9. 5行目の عبرة には、二つの読み方が辞書にもある。多くは عِبرة で、教訓、もう一つは、عَبرة で涙（厳密には流れ出る前の涙）。ここでは後者で、涙で息が詰まるということは、感涙にむせる、といったところ。

10. 神が「イマームらの断食と暁前の祈りを受け止める」のであるから、5行目のيُتقبل は受身形である。

3. 文化関係

例文3　預言者伝承—動物愛護（古文調）

عن أبي هريْرَة أنّ رسول الله (صلعم) قال:"بينما رجل يمشي بطريق اشتدّ عليه العطشُ فوجد بئرا فنزل فيها فشرب، ثم خرج فإذا كلبٌ يلهَث يأكل الثرى من العطش، فقال الرجلُ : لقد بلغ هذا الكلبَ من العطش مثلُ الذي بلغني، فنزل البئرَ فملأ خفّه بفيه ثم أمسكه بفيه حتى رَقى فسقيَ الكلبَ، فشكر الله عز وجل له فغُفر له، فقيل: يا رسولَ الله، إنّ لنا في البهائم لأجرا!؟! فقال:"في كل ذات كَبدٍ رَطبَةٍ أجرٌ."

〈全訳〉

　アブー・フライラが伝えるところ、アッラーの使徒（平安とアッラーの祝福あれ）は言われた。「ある男が道を歩いていると喉がひどく渇いてきた。彼は井戸を見つけたので、そこを下りて水を飲んだ。それから外に出てみると、そこには一匹の犬がいてヒーヒー言いながら、喉の渇きのために湿った土を食べていた。その男は言った。私と同じように、この犬にも渇きが襲ったのだ。そこでその男は井戸を下りて、履物を水で満たしてから、それを口でくわえて、そして上に登って犬の喉を潤した。そこで、アッラー（高貴で偉大なり）はそれを多とされ、その男を赦された。その男は言った。アッラーの使徒よ、私たちに動物のことで、間違いなく報いがあるのでしょうか。そこで彼は言われた。「湿り気のある心の持ち主には、必ず報いがあろう。」

● MEMO ●

例文3　預言者伝承―動物愛護（古文調）

〔コメント〕

1. 預言者伝承はいつも、伝承者の系譜、إسناد と伝承の中身、متن から構成されている。系譜が信頼できるかどうかが、伝承学の大きな課題である。

2. 表現が非常に直截であることを見ておこう。アラビア語の基本をなしている。

3. 2行目真中までに、يمشي、يلهث、يأكل の三つの動詞が現在形になっていることに注意。いずれも能動分詞のような役割で、時制に無関係になっている。

4. 3行目、井戸へ下りる、という言い方が出てくる。日本の井戸とは違っていることが分かる。

5. 3行目最後に、رقى فسقى という言い方で、ある程度韻を踏んだ感覚を得ておこう。

6. 4行目の動詞、غفر の主語は男である。他方、その直前はアッラーが主語で、男の行為を多とされたのである。

7. 動物、حيوان ج حيوانات 畜生、بهيمة ج بهائمُ ニュアンスの違いが多少ある。ただし日本語ほどには違わない。

8. 4行目、قال、قيل いずれも主語は、預言者である。

9. 最後の単語、كبد の発音、kabid, kabd, kibd の三種類があり、男性と女性の両方可能、複数形は、أكباد、كبود の両方がある。ここでは心の意味だが、現在は肝臓の意味に使われることが多い。湿り気のある心には報いがある、というところは、砂漠の乾燥した様子を背景に考えよう。

3. 文化関係

例文 4　حول الجامعات وحوار الحضارات

عقد لأول مرة في القاهرة مؤتمر دولي لاتحاد رؤساء الجامعات بعنوان دور الجامعات في التطوير وحوار الحضارات في القرن الحادي والعشرين ـ وقد شرف برئاسة الاتحاد العالمي رؤساء الجامعات عن منطقة الشرق الأوسط وشمال إفريقيا، وهذا الاتحاد تم تأسيسه منذ أربعين عاما وشارك في المؤتمر إحدى وعشرون دولة أوروبية يمثلها رؤساء جامعات مثل البرازيل واستراليا وتايلاند والولايات المتحدة الأمريكية وألمانيا وإنجلترا وكذا الدنمارك بالاضافة إلى رؤساء الجامعات المصرية. (الأهرام 11.27.04)

〈全訳〉
大学を巡って、そして文明間対話

　カイロにおいて初めて大学総長連盟の国際会議が行われた。そのテーマは、開発における大学の役割と 21 世紀における文明間対話、というものである。この世界的な連盟の議長役の名誉は、中東と北アフリカの大学総長がになった。この連盟は 40 年前に創設されたが、今回の会議には欧州 21 カ国からの出席を得て、ブラジル、オーストラリア、タイ、米国、ドイツ、英国、デンマーク、そしてエジプト各大学総長の参加があった。

● MEMO ●

〔コメント〕

1. 初めの単語 عقد は受身である。استقبل، افتتح، يدّعى، كتب، فهم などは、形に出ていなくても受身で使われることが多いので、そのような語群として覚えておこう。他方、قيل، أقيم は受身であることが形に出ているし、また انعقد などは第7型動詞で、能動態で意味が元々受動の意味になっている。

2. 2行目の最後の単語、رؤساء の前には、前置詞の لـ が原文にはついていたが、主語として考えれば不要になるので、ここでは省略した。動詞も、شرفت とあったのを、شرّف に改めた。

3. 3行目の、تمّ تأسيسُه は、その直前の、هذا الاتحاد を受けている。

4. 4行目に、21の欧州諸国が参加し、それらは次の国々から来ているとして、ブラジル、オーストラリア、タイ、米国、エジプトなどの国名も出てくるので、驚かされる。おそらくは、全体で21カ国から出席しており、多くの欧州諸国とともにそれ以外の地域からも参加しているというのが、実際であろう。

5. 上の〔コメント〕2．や4．から、この一文は内容的にも文法的にも相当乱れた文章だという結論になる。しかし、アラビア語の実戦という意味ではそれに不満を垂れていても始まらない。新聞社内、特にアフラーム紙のような大きな組織中には、しっかりした校正係がいるが、百点満点でない場合もあるということであろう。

6. البرازيل ブラジルは国名ながら、男性名詞。こういった中に、日本の名前が出てこないのは不思議だ。日本から出席者がなかったのか、あるいはあってもここで言及されていないのか、いずれかだが、タイも出ているようで、日本の出席はあったと考える方が自然だろう。そうすると言及されていないということになるが、エジプトから見ての日本の文化面での比重はこのようなものなのか。少し問題意識を持たされる。

3. 文化関係

例文 5
"تحطيم الأسطورة" كتاب أميركي يناقش الجهاد والمرأة والأصولية في الإسلام

حيث أن معظم من هم غير مسلمين أول ما سيتبادر إلى أذهانهم حول الإسلام هي مسألة (العنف) فقد بدأ بها الكاتب المعروف بروس لورانس كتابه الأخير "تحطيم الأسطورة" والذي يجد في إطلاق (الأوصاف المبتذلة) افتراء يجب معالجته منذ البداية ولا بد من فهم شامل وجديد للمسلمين وفضح الأوصاف النمطية السائدة التي تختزل الإسلام بالعنف وتعتبر المسلمين ليسوا سوى مجرد رهائن للعنف في طبيعتهم الأساسية. ينكر لورانس التهمة الموجهة للإسلام ويعتبر أنه ليس هناك مكان واحد وثقافة متجانسة واحدة تدعى الإسلام، فليس هناك إسلام متراض ومتناغم كليا إذ أن هناك عالم إسلامي في آسيا وأفريقيا، وهو تعدّدي مثل الغرب ويفوق أمريكا وأوروبا من حيث المناطق والأعراق واللغات والثقافات.(الشرق الأوسط 12.6.04)

〈全訳〉
米国の「神話の破壊」という本は、イスラームのジハード、
女性、そして原理主義を論じる

　イスラームに関し非ムスリムに初めに浮かぶことは、「暴力」の問題だ。「神話の破壊」という新著で、よく知られる著者ブルース・ローレンスはその問題から着手した。「低俗な表現」という章の始めに、当初より扱わねばならない事柄として中傷の問題を取り上げた。ムスリムについて包括的で新しい理解が必要で、またイスラームを暴力だけで短く纏め上げ、ムスリムを基本的に暴力の虜と決め付ける常套的な表現を追放する必要性を強調する。イスラームに対する非難を彼は否定し、次のようにいう。イスラームは一つ所にあるわけではないし、一つの均質な文化があるのでもない。また互いになじみ、調和しているイスラームばかりでもない。なぜならば、アジアにもアフリカにもイスラームはあり、西洋と同じく多元的なのだ。そしてそれは米国や欧州をはるかに凌ぐ地域、血縁、言語や文化を抱えているのだ。

● MEMO ●

〔コメント〕

1．イスラーム擁護の著作が米国で出され、そのアラビア語版を基に書評が掲載された。

2．1行目の出だしは、حيثُ أنّ معظمَ مَنْ هُمْ غيرُ مسلمين であるが、珍しい言い回しである。普通に言えば、من وجهة نظر غير المسلمين となる。

2．文章は繋がっているが、意味上切っても良いところがいくつかある。2行目（العنف）で一度終わり、次は2行目の終わりで切れる。3行目の初めからは新しく入り、同じ3行目の البداية で切れ、その後は5行目の半ば、次いで文章の終わりまで一つながりだ。

4．構造として、4行目の لا بد من فهمِْ --- و فضح --- の両者は同格。

5．تعتبر المسلمين ليسوا سوى مجرد رهائن للعنف という言い方も珍しい。別の表現で、تعتبر المسلمين ما إلا رهائن العنف とすれば理解しやすいかもしれない。原文にある ليسوا سوى だけで十分強調されているので、その上 مجرد まで必要はないとも思える。

6．6行目の تُدْعَى は、受身で、その主語はその直前の ثقافة である。

7．7行目の إذ أن هناك عالما إسلاميا في آسيا と主語は対格にするのが正しいが、途中に هناك が入ったので、対格にはせずに済ませた例である。同じ行の تعدُّدي は第5型の動名詞から派生した形容詞形である。

3. 文化関係

例文 6　العلوم عند العرب – الجزء 1

في عهد هارون رشيد اخترعت الساعة الدقاقة والمتحركة بالماء، وقد أهداها الرشيد لشرلمان، ملك فرنسا، ولما رآها الإفرنج، ذعروا منها لزعمهم أنها آلة سحرية اختبأت فيها الشياطين، وأرسلت إليهم للإيقاع بهم.

وابن يونس المصري، هو الذي اخترع بندول الساعات، وهم الذين اخترعوا بوصلة البحرية، وقد أخذ الإفرانج عنهم الأرقام الحسابية، وعلم الجبر والهندسة والمعادلة وعلم الفيزياء وعلم الكيمياء، واستخرجوا المياه والزيوت بواسطة التقطير والتصعيد. ("جوهر الإملاء")

〈全訳〉
アラブ人の科学（その1）

　ハールーン・ラシードの時代に、水力仕掛けの2度打ち時計が発明されたが、それはフランスの国王シャルルマーニュに贈られた。それを西洋人が見た時、その中に悪魔が隠れている魔法の機械だと考え、害を及ぼすためにそれが贈られてきたのだとして恐れられた。

　イブン・ユーヌス・アルマスリーが時計の振り子を発明したし、彼ら（アラブ人）が羅針盤を発明した。西洋人はアラブから、数字、代数学、幾何学、方程式、物理学、化学を習得した。フィルタリングと蒸発方式で水と油を抽出したのもアラブ人であった。

● MEMO ●

〔コメント〕

1. 1行目の動詞、اِختَرَعَتْ が受身形であることにすぐ気がつけるかどうか。

2. 2行目の、「恐れる」には、خاف (-َ) خوف، ذعر (-َ) ذُعْر، رعب (-َ) رعب، هاب (-َ) رُعْب، هاب (-َ) هيبة، خشي (-َ) خشية などがある。「恐れ慄く」といった精神的な意味に傾斜すれば、خشي 、「恐縮する」ならば、رعب، هاب 、「怖がる」は ذعر が近い。細かなニュアンスの違いは、類義語辞典がないので自分で積み上げるしかない。

3. 2行目、زعم は「主張」。類義語に、اِدّعاء があるが、これはかなり虚偽の申告のニュアンスが強い。حُجّة になると、ほとんど「口実」の意味となる。

4. 3行目の、إيقاع は攻撃という意味。元は、أوقع ضررا 損害を及ぼす、の意味であったのであろう。

5. 3行目の、彼らは、というところは、何を指しているかは文面からは直接には判明しないので、タイトルからして一般的にアラブ人と解釈しておこう。

6. 日本語では、振り子、羅針盤、揺りかご（مهد）、坩堝（ルツボ بوتقة）などは、比喩的に用いられることも多いので、覚えておくと便利だ。

7. 4行目、أخذ الإفرنج عنهم 彼らから習得した、とあるが、前置詞にも留意したい。

8. 5行目、استخرجوا で主語は再び、「彼ら（アラブ人）」に戻っている。

9. 5行目の、「〜によって」--- بواسطة، --- باستعمال، --- من خلال، --- عن طريق --- などの選択肢がある。そして一番簡略には、前置詞の、--- بِ だけでも可能。

3. 文化関係

例文 7　العلوم عند العرب – الجزء 2

وقد برعوا في الجراحة، حتى إن نساءهم كن يعملن العمليات الجراحية لبنات جنسهن، وقد كنَّ يشاركن الرجل آونة في عملها، وقد ساحوا في قارة آسيا وأوروبا وإفريقيا.

وفي مدة المأمون حسب الخسوف والكسوف، وذوات الأذناب، وقيست الدرجة الأرضية، ورصد الاعتدالان: الربيعي والخريفي، وقدّر ميل منطقة فلك البروج، وبرعوا في الرصد، حتى فاقوا علماء اليونان، وكان لهم كثير من المراصد الفلكية، منها مرصد إشبيلية، هو أول مرصد ظهر في أوروبا، ومرصد بغداد، ومرصد سمرقند، ومرصد دمشق، ومرصد جبل المقطم في القاهرة.

〈全訳〉
アラブ人の科学（その2）

外科にも秀でており、女性が同性の人たちに外科手術をしていたくらいである。時にはその作業に当たって男性に混じっていたかもしれない。そして女性たちは、アジア、ヨーロッパ、アフリカの大陸を旅していた。

アルマアムーンの時代には、月食と日食及び惑星は測られて、経緯度は計算され、春分と秋分という日夜が均等になる日も観測された。黄道帯の長さも算出され、天文学でギリシア人の科学者たちを凌駕するくらいであった。アラブには天文台がたくさんあり、たとえばセビリア（注；スペインは当時アラブの版図内）のものは、ヨーロッパで出来た初の天文台であった。そのほかバグダード、サマルカンド、ダマスカス、それからカイロのムカッタム丘にも設けられた。

● MEMO ●

〔コメント〕

1. 上手にする、うまくする、というのに、برع ، أحسن ، أجاد などがあり、どれも前置詞は、في を取る。

2. ～するくらいに、という言い方として、1行目のように、حتى إن نساءهم كنّ يعملن ---、あるいは、لدرجة أن نساءهم --- も可能だが、後者は英語直訳の言い回しである。

3. قد にも完了の強調の意味の場合と、多分～だろうという意味の場合がある。文脈からして、1行目初め、及び2行目の中央のは、前者。1行目の終わりの、قد يشاركن الرجل の方は、後者と見てよい。

4. 3行目の動詞、حسب は受身形である。次の動詞 قيست が2行目にあって、それも同様に受身形になっている。同行の次の動詞、رصد とその次の、قدّر も自然と受身という読み方になる。このように続けて受身を使って、文章の調子を整えていることを見ておこう。自分でも使えると、文章の質が高まる。

5. 3行目、緯度は、درجة الطول 、経度はدرجة العرض である。両方を合わせて、الدرجة الأرضية という言葉を用いている。

6. 4行目の終わりに、حتى فاقو علماء اليونان とあるのは、～するくらいに、とも読めるし、ついには～ということになった、とも読める。

3. 文化関係

例文 8　3 الجزء – العلوم عند العرب

وفي مدنهم انتشرت المدارس، فقد كان في مدينة قرطبة ببلاد الأند لس ثمانون مدرسة في عهد ابن عبد الرحمن الناصر المتوفى سنة ثلثمائة وست وستين. وكان في مدينة القاهرة عشرون مدرسة. وكان بها مكتبة فيها نحو مائة ألف مجلد. وكان ببلاد الأندلس نحو سبعين مكتبة عمومية، عدا مكتبة الخلفاء التي بلغ مجموع ما بها من المجلدات نحو ستمائة ألف مجلد. وقد أحرق الإسبانيون بعد فتح الأندلس نحو مليون وخمسة آلاف مجلد، كلها من وضع العرب.

وقد أنفق الوزير نظام الملك مائتي ألف دينار على مدرسة في بغداد. ورتب لها نحو خمسة عشر ألف دينار تنفق في شؤونها سنويا، وكان بها نحو ستة آلاف تلميذ. وكان الفقراء يتعلمون فيها مجانا. وقد أنشأ العرب مدرسة في إيطاليا، وهي المسماة المدرسة سالبون.

〈全訳〉
アラブ人の科学（その3）

　彼らの町々には学校が広まった。866年に没したイブン・アッラハマーン・アンナースィルの時代にはアンダルシアのコルドバには80の学校があった。カイロには20の学校があった。また約10万冊所蔵する図書館もあった。アンダルシアには約70の公立図書館と約60万冊所蔵する（私設の）ハリーファ用の図書館もあった。アンダルシアを征服後、スペイン人は約100万5千冊のアラブ人の手になる蔵書を燃やした。

　ニザーム・アルムルク宰相はバグダードの学校に20万ディナールを支出したし、そのための年間予算として約1.5マンディナールを当てた。そこの学生数はほぼ6千名に上った。そこで貧者は無料で学ぶことが出来た。アラブ人はまたイタリアにおいて、ソルボンヌと呼ばれる学校も設けた。

● MEMO ●

〔コメント〕

1. 数詞がいくつも出てくるので、この際しっかり復習しておこう。数詞の正しい使い方を規則として覚えるのではなく、実例を少数確実に覚える方が実際の応用がきく。

2. 3行目、عدا は〜を除いて、であり、سوى، باستثناء --- も同義語である。

3. 4行目の動詞、بلغ の主語はその直後の、ما である。

4. 5行目の動名詞、وضع は書籍を「置く」のではなくて、「手になる」といった感覚で、アラブ人の出版になる、という意味である。

5. 6行目の動詞、رتّب は予算を準備した、に相当するが、予算を当てた、であれば、خصّص の動詞を使うことになる。

6. 7行目の動詞、تنفق は受身形になっている。その際の前置詞は、في であり、1行目の場合の、أنفق --- على --- と異なっているが、普通には後者である。

7. 8行目、هي المسماة المدرسة سالبون の一節には、種々確かめておきたいことが含まれる。まず、هي المدرسة التي كانت مسماة の略であるということ。また、--- مسماة بـ として前置詞で導くのが普通であるが、それがない以上、المدرسة سالبون は独立して用いられている名詞の副詞的用法ということになる。

3. 文化関係

例文 9　تطوير شامل لفعاليات معرض القاهرة الدولي للكتاب في دورته السابعة والثلاثين

تشهد الدورة المقبلة لمعرض القاهرة الدولي للكتاب والتي تبدأ 26 الشهر المقبل استضافة شخصية ثقافية عالمية بارزة لتكوين ضيف شرف الدورة الـ37 للمعرض، وستقام بهذه المناسبة ندوة دولية يشارك فيها الضيف بحضور كبار المثقفين في مصر والعالم العربي. صرح بذلك الفنان فاروق حسني وزير الثقافة عقب اجتماعه أمس مع أعضاء اللجنة العليا لمعرض القاهرة الدولي للكتاب حيث بحث خلال اللقاء العديد من الأفكار التي تستهدف تطوير المعرض من حيث مستوى الفعاليات الثقافية المصاحبة له وأسلوب التنظيم وطرق العرض. وطلب الوزير من أعضاء اللجنة ضرورة تدعيم المعرض ليظهر بالصورة المشرفة التي تتناسب مع مكانته باعتباره أحد أهم معارض الكتاب في العالم. (الأهرام 12.14.04)

〈全訳〉
第37回カイロ国際図書展の有効性の包括的な発展

　次回カイロ国際図書展は来月26日に始まるが、第37回同図書展の賓客として世界的に高名な人たちを迎える予定である。この機会にエジプト他アラブ世界で著名な文化人の出席を得て、国際的セミナーも行われる。以上について、ファールーク・フスニー文化大臣は昨日の同図書展最高委員会メンバーとの会合後公表した。右会合においては、図書展の発展のための種々の考えについて検討されたが、同図書展の文化的な有効性のレベル、組織のあり方、そして展示の方法などが取り上げられた。そして大臣は、世界で最も重要な図書展の一つであるという地位にふさわしい、名誉ある姿で見られるように、同委員会メンバーからぜひ図書展を支援するように求めた。

● MEMO ●

例文 9　エジプト（国際図書展）

〔コメント〕

1． 1行目 تشهد の目的語は、استضافة 。また同行の関係代名詞、التي は、الدورة を受けている。また 26 は対格で副詞として、2行目の 37 は序数詞として用いられ、そのため定冠詞がつけられている。

2． 2行目の動詞、تقام は受身で、主語は、ندوة دولية 。それをさらに受けて يشارك فيها الضيف --- と続く。3行目の動詞は、صرّح بـ --- と前置詞を伴っている。

3． 4行目の前置詞、عَقِبَ は、〜の直後、同義語には、إِثْرَ، بُعَيْدَ などがある。

4． 5行目初めの文章は、بحثَ (فاروق حسنى) خلال اللقاء العديدَ となっている。

5． 同行の、--- من حيث は、〜について、〜の観点から、などの意味だが、ここでは図書展発展のより具体的な諸点を導くために用いられた前置詞句である。

6． 6行目の、المصاحبة له は、「それに伴う」という第3型動詞の能動分詞だが、意味上は付加するものは少ないと考えられる。

7． 7行目の能動分詞、المشرفة は、第2型動詞（名誉を与える）の受身形と見るか、第4型動詞（監督する）の能動形と見るかは、意味から決めるしかない。この後で「世界で一番重要なものの一つ」とあるので、前者である。

8． 同行最後の部分に母音を入れると、باعتباره أحدَ أهم معارض الكتابِ となるが、文法的に見て例外的なものは含まれていない。

3. 文化関係

例文 10　التنسيق الحضاري – قضية قومية

في واحد من أجمل المواقع ذات التراث المعماري الفريد الذي يحمل بين جوانبه وممراته عبق التاريخ ويشهد علي عصر من أهم العصور بقلعة صلاح الدين يقع الآن مبني أول جهاز قومي للتنسيق الحضاري صدر بإنشائه قرار رئيس الجمهورية رقم 37 لسنة 2001، حيث تم تخصيص هذا المبني بعد إصلاحه وترميمه معماريا وفنيا ليحقق معادلة الجمع بين الأصالة والمعاصرة وإمداده بكل تكنولوجيا ومتطلبات العصر، لتكوين مهمته الأولي كما حددها وزير الثقافة فاروق حسني إضفاء قيم الجمال والتناسق العمراني لمبانينا التاريخية والعمرانية العريقة.

(الأهرام 12.15.04)

〈全訳〉
文明の調和は国民的課題

　その側面や回廊に歴史の匂いを漂わせ重要な時代を目撃してきた類まれな建築上の遺産がある最も美しい場所の一つとして、よく知られたサラーハ・アッディーン砦に現在ある建物は、2001年共和国大統領令37号で文明調和のため作られた国民的な最初の施設である。同大統領令により、建築的芸術的に修繕、改装したことにより、伝統と現代をバランスよく集め、またあらゆる現代の技術を駆使しその需要に配慮しつつ、この建物を末長く維持することとなった。また文化大臣ファールーク・フスニーが言ったように、その建物の第一の責務は、われわれの歴史的かつ古の文明的建築物に対して、美的価値と文明の調和を付与することにある。

● MEMO ●

〔コメント〕

1. これは評論の文章だから、事実的な報道とは異なるところを見よう。意味のつながり方が、事実報道よりはるかに複雑になっている。

2. 1行目の初めで --- واحد من としてあるが、これは أحد --- とできるところ。

3. 2行目の、على، مبنى علي، مبني は当然、 على، مبنى であるが、 ي،ى のタイプミス。

4. 4行目にも、 مبني と出ているが、上記3．と同様で、 مبنى とすべきところ。

5. 同行最後にある、 معادلة الجمع بين الأصالة والمعاصرة とは何をさすのか。伝統と現代のバランスの取れた結合、とは具体的ではないにしても、意図するところは見えてくるようだ。その意味で空疎な言葉使いではない。さすがアハラーム紙というところか。

6. 5行目の、 الأولي はまたまた、 الأولى 。常習犯もミスというのか？

7. 本文中、何回か معماري، عمراني という単語が出てくる。建築の、文明の、の意味の違いがあるのは当然だが、混乱しそうだから要注意。

8. 最後の行で、 النتاسق العمراني --- لمبانينا العمرانية العريقة と二度も عمراني を使う必要や理由はない。特に文明、という単語には、 الحضارة، المدنية などの選択肢もある。また、 مبانينا と、ここだけは複数にしてあるのは、砦全体を指しているから。

9. 意味のつながりが複雑だが、4行目の、 ليحقق --- は目的、5行目の、 لتكون مهمته --- は、結果と読める。もちろん後者も目的として考えることもできるが、同じ意味で同一の前置詞を二度すぐ近くで使うことは避けるのではないかとも思われる。

コラム

3．分野別　英語－アラビア語－英語辞書

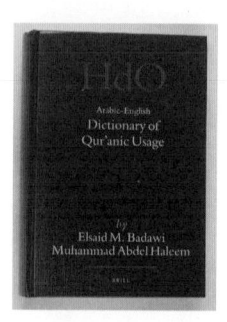

(1) *Arabic-English Dictionary of Qur'anic Usage*, compiled by Badawi, Elsaid Mohamed, and Muhammad Abdel Haleem, Brill, Leiden, 2010. 全体で1,070ページ。アラビア語－英語のクルアーン用語辞書はこの1世紀以上出されなかったが、漸く本格的なものが出た。

(2) *A Dictionary of Diplomacy and International Affairs*, compiled by Samouhi Fawq el'Adah, Beirut, 1974. 全体で550ページ。英語の術語に対して、フランス語とアラビア語の訳語を示し、さらに政治外交上の説明をアラビア語でしている。

(3) *A Dictionary of Economics, Business and Finance*, compiled by Nabih Ghattas, Beirut, 1980. 全体で677ページ。英語の術語に対して、アラビア語対訳語とアラビア語の説明が付されているので、アラビア語講読の材料にもなる。

4．社会関係

　日本で社会関係記事というのはアラビア語新聞では、大半ローカル・ニュース محليات として掲載されている。政治関係などと比べて、使用される用語が熟していないこともあり、内容、質の面で各紙ごとのばらつきが目立つ分野だと言えよう。だから本書でも特定の方向感覚のない、雑多な話題のものが含まれることとなった。

　先々仕事についてからこの分野のものをまじめに読む機会は限られているので、逆に今このような形で目にしておくのは良い経験とも思われる。

　内容的にはローカル・ニュースなので、公式的な発想から自由になり、その土地柄をうかがうヒントを与えてくれる可能性は少なくない。アラブ諸国で下宿などをする場合には、話題提供の格好の情報源でもある。

　またこの分野では、まとまった本になるということはないので、その意味では報道が貴重な資料となっていると言えよう。

4. 社会関係

例文 1　نصائح طبية للمريض في رمضان تستند إلى الأبحاث والدراسات الميدانية

<u>الدكتور حسان باشا</u> : هناك أمراض تتحسن مع الصيام وأخرى لا تتأثر وثالثه تزداد سوءا
على الرغم من أن هناك ما يربو على 400 مليون مسلم يصومون شهر رمضان، إلا أنه ليس كل أولئك الصائمين من الأصحاء، فهناك الملايين من المرضى الذين يتوقون لصيام الشهر ويجدون أنفسهم غير قادرين على ذلك. (الشرق الأوسط 10.26.04)

〈全訳〉
ラマダーン中の病人に対する医学的な勧告は、
研究やフィールド調査に依拠している

　ハサン・バーシャー博士によると、断食により改善する病気と、関係ないものと、第三には悪化するものとがある。ラマダーン月に断食するムスリムは4億人を超えるが、すべての人が健康ではない。何百万人もの人たちは病気であり、一月の断食をしようと思っていたのに、できなくなってしまう人もいる。

● MEMO ●

〔コメント〕

1. タイトルの استند إلى と同じ意味が اعتمد على で出せる。フィールド・ワークは عمل ميداني であるが、新造語の一つ。最近の造語に、グローバリズム عولمة というのがある。تشغيلي オペレーショナル、آلية メカニズム、なども造語。

2. 第二番目のところを、أخرى としているところに注意。أمراض を受けている。

3. رمضان の元の意味は喉が渇く عطشان いう意味。多くのアラブ人は جوعان 空腹という意味に取っているようだが、その方が実感を伴っているのかもしれない。

4. 悪化する、に ازداد سوءا ، تدهور، تفاقم などあり。

5. 越える、に ربا (ُ) على، اجتاز على، عدا (ُ) عن などあり。

6. 2行目、في شهر رمضان ではなく、副詞的に شهرَ رمضان としている。

7. 楽しみにしている、期待する、に توقع ، توقى لِ --- などあり。

8. ラマダーンと関係する病気など。消化不良 تخمة ج تخم 、胸焼け نفخة 、ゲップ إِعْياء 、جُشاء أو جُشأة 、頭痛 صُداع 、屁 غاز 、体調不良・疲れなど 胃もたれ الحرقة المعدنية 睡眠不足 قلة النوم 。

9. クルアーン上の戒めを覚えておこう。 وكلوا واشربوا ولا تُسرفوا

10. 注意点：3行目の صيام الشهر は、ラマダーン月の断食、と取るか、一ヶ月の断食と取るか、両方考えられる。病人は一週間など短期間だけの断食をすることも思えば、後者のほうがよいと考えられる。

4. 社会関係

例文 2　أمريكي ينتحر احتجاجا على فوز بوش

انتحر شاب أمريكي معارض للحرب في العراق عند موقع مركز التجارة العالمي في نيويورك، احتجاجا على إعادة انتخاب الرئيس جورج بوش، حسبما أفادت تقارير أمس. وأضافت التقارير أنه تم العثور على جثة أندرو فيل. (الشرق الأوسط 11.8.04)

〈全訳〉
ブッシュの再選に抗議して、アメリカ人が自殺

　ニューヨーク世界貿易センター跡地で、イラク戦争に反対する米国人青年がジョージ・ブッシュ大統領の再選に抗議して自殺した、と昨日のレポートは伝えた。さらにアンドリュー・フィールの遺体が見つかったとも伝えられた。

● MEMO ●

〔コメント〕

1. 日本では報道されないような内容だが、アラブの関心の置き所を感じさせる。

2. 第1文で場所を示す前置詞として、عند が用いられていることに注目したい。في が普通に出てくるかもしれないからである。ここでは直前に في العراق として既出しているので、その直後に再び用いることは避けておきたい。その他、～において、という語感の場合に、عند となる例が多いが、多読の必要あり。

3. 「場所」という言葉には、普通なら مكان が出てくる。「世界貿易センターがあった所において」、という意味であるから、موقع としておきたい。ちなみにインターネットのサイトも、この موقع という言葉が用いられる。なお場所という意味で、مطرح という言葉もあるが、少々エジプト方言に近い。

4. انتحر という言葉は、アラブではあまりお目にかからない。自殺はイスラームで禁止されているからだ。自爆テロといわれているのも、殉教者 شهيد と呼ばれ、自殺者のような印象ではない。

5. 2行目の最初、احتجاجا とあるのを、その能動分詞形の محتجّا でも言えなくはない。ここでは調子の上の好みの問題としておきたい。

6. 新聞では إعادة としてアリフには、ハムザはつけられていなかったが、追加した。

7. 再選 إعادة انتخاب、イラク再復興 إعادة إعمار العراق などの用法に注目。

8. ～によれば、という表現として、حسبما ، وفقا لـ--- ، طبقا لـ--- などは多出。また～に従って、というのは、بموجب --- ، على أساس --- などが普通に出てくる。

9. 最後の文章で「レポート」に定冠詞が付いているのは、その直前に定冠詞なしで出ており、2回目には特定されているからである。これは定冠詞使用の単純なケース。

10. 一度 أنه としておいてから、主語の العثور を持ってきていることに注目したい。ここで直接にすぐ主語を持ってくると、على と عثور とは意味上つながるので、أن العثور على جثة أندرو فيل تم. となって、何ともしまらない格好になってしまう。やはりアラビア語の基本は、動詞文であり名詞文でないことも想起される。

4. 社会関係

例文 3　جمعية الإسعاف (الجزء 1)

ترى أثرا حسنا أدلّ على رحمة الإنسان من تلك الجمعية التي عَرف رجالها موضع الحاجة فسدّوه، ومكان الداء فعالجوه. رأوا المدن المائجة بالناس كالقاهرة مثلا، تغدو فيها السيارات، وتروح مراكب الكهرباء، وبين ذلك تقع الأقدار، ويُصاب كثير من المارة بصدمات هذه السيارات، فكانت الحاجة ماسة إلى إسعاف هؤلاء، بتضميد جراحهم، ونقلهم إلى المستشفيات، ولقد نهض رجال الإسعاف بعبء ذلك العمل، وقاموا به خيرَ قيام.

〈全訳〉
救急隊（その1）

　あの救急隊より人間の慈愛をよく示して良好な影響（を発揮するもの）は見当たらないが、その隊員はニーズのあるところを知ったならばそれを満たし、病の場所を知ったならばそれを治療する。例えばカイロのように人でごった返す街を見ると、車や電車が行き来しており、そのうちに定めの運命のように、多くの歩行者が車に衝突されて負傷するのである。そこでそれらの人々の傷を包帯で巻いたり、病院へ運んだりして救急する必要が生じる。この責務を救急隊員たちが担い、それをうまくやり遂げてきたのであった。

● MEMO ●

〔コメント〕

1. 1行目、أدلّ على --- 〜より良く示している、という比較級の作り方に注意しよう。名詞からもこのような比較級や最上級がしばしば作られるのは、古文調では常套手段である。

2. 1行目から2行目にかけて、موضع --- فـ ---، مكان --- فـ ---. という繰り返し調を見逃さないようにしよう。

3. 2行目、كالقاهرة مثلا というのは、مثلَ القاهرة とも言える。しかし例えばカイロ位に混んだ町、と言うのかあるいは、カイロのように混んだ町、とだけ言うのかは、微妙だが差がある。

4. 2行目の二つの動詞、غدا وراح は往復、というときの対語である。ここでは両者が現在形で分詞的に用いられている。

5. 文章全体の流れを見失わないようにしよう。
رأوا --- تغدو فيها --- وتروح ---، وبين ذلك تقع --- ويصاب كثيرٌ ---، فكانت --- بتضميد ---ونقلهم، ولقد --- وقاموا ---. 大きな塊ごとに、コンマで切り直してみた。

6. 最後の文章の二つの動詞、نهض بـ ---، قام بـ --- は繰り返しを避けているだけだが、やはり語彙を豊富に持っていないとできない業である。

7. 最後の、قاموا به خيرَ قيام うまくやり遂げた、という意味で、名詞の対格を副詞的に使っている。

8. ちなみにアラブの場合は、赤十字（الصليب الأحمر）は敬遠されるので、新月（الهلال）を救急車に付けているのが普通である。なおタイトルの、جمعية الإسعاف は文字通りには、救急協会であるが実態がはっきりしないので、救急隊としておく。

4. 社会関係

例文 4　جمعية الإسعاف (الجزء 2)

تحدث الحادثة، فما نلبث أن نرى رجلا من رجال الإسعاف قد أقبل ينهب الأرض بسيارته، وسرعان ما يقوم بتضميد المصاب، ثم يمهده ذلك المهاد الوطيء الذي لا يحسّ فيه بألم، ولا تزعجه حركة، ويسير به إلى المستشفى.

وإن تعجب فعجب ما تأتيه رجال هذه الجماعة من النشاط الذي يصورهم في عين الرائي كأنهم ملائكة الرحمة، يراقبون الحوادث، حتى إذا وقعت حادثة بجانبها، كانوا بجانبها يخففون ويْلاتها، ويهوّنون ألمَها، جزاهم الله خيرا، وأثابهم مغفرة وأجرًا.

〈全訳〉
救急隊（その2）

　いったん事故が起こると、救急隊員は直ちに車で駆けつけて、負傷者を応急手当するや否や、痛みを感じさせず動かしても気にならない、あの低いベッドにその人を寝かせるのである。そして病院へ連れて行く。

　何を驚くといっても、この隊員が天使とも見て取られるような活動を示すのにはほとほと感心させられる。事故を監視していて、起こったとなるとすぐさまに現場に駆けつけ、苦しみを軽減し、痛みをやわらげているのだ。

　アッラーが彼らに善きに図られ、彼らに赦しと恵みの報酬を与えられんことを。

● MEMO ●

〔コメント〕

1．1行目、いったん事故が起こると、というのに、تحدث الحادثة، ف --- だけで表現している。このような簡潔な言い方はむしろ難しい。よく味わいたい。

2．1行目、～するのに時間を取らない、というのは、ما لبثنا あるいは、لم نلبث とするほうが安全だろう。例文のような方法もあるということを見ておこう。

3．1行目、أقبل ينهب الأرض すっ飛んでゆく、といった状況が目に浮かぶ。

4．2行目、～するや否や、سرعانُ ما ---، ---. の他にも、--- حتى --- ما の構文などもある。第三巻総集編を参照のこと。

5．2行目、يمهّده の主語はその前と同様に、救急隊員である。誰かにあの低いベッドをあてがう、と読んで、المهادَ と対格として見るのである。われわれならば、مهّده على أو في ذلك المهادِ الوطيء のように前置詞が欲しくなるところである。

6．4行目、تعجب、عجب 二つの動詞の違いは僅差で微妙である。辞書上は同じとされるが、この使用方法を実例として覚えてしまうしかない。

7．同行の、في عين الرائي 見る人の目には、という言い回しは珍しい。

8．5行目の、حتى إذا وقعت حادثة، كانوا --- も上記4．と同様に、～するや否や、の表現になっている。

4. 社会関係

بعد ثبوت علاقته بالانحراف السلوكي—عقاب الأطفال يجب أن يخضع لقواعد 例文 5
تربوية سليمة لضمان سلامتهم النفسية

صدرت مؤخرا دراسة اجتماعية عن جامعة عين شمس أكدت وجود علاقة قوية بين أسلوب العقاب ودرجة الانحراف السلوكي لدى الأطفال. فعقاب الأبناء مشكلة حقيقية تواجه الآباء على اختلاف مستوياتهم الثقافية ودرجة وعيهم، وغالبا ما تنهار كل أساليب التربية السليمة التي يحاول الآباء التحلي بها، أمام تكرار بعض الأخطاء التي يقوم بها الأطفال. تقول إحدى الأمهات إن طفلها الذي لم يكمل عامه الخامس يتعمد تكرار السلوك الذي طالما حذرته منه وعاقبته عليه "حتى بدأت أشك أنه يتعمد إحراجي خاصة إذا ما كنا في ضيافة أحد، فهو دائم الصراخ بدون سبب وتمتد يده لكل شيء أمامه وكثيرا ما يتلف بعض التحف الثمينة." (الشرق الأوسط 12.2.04)

〈全訳〉
変質行為とその子の叱り方の関係が判明
－精神状態を正常に保つためには、正しい教育方法に則るべし

　最近アイン・シャムス大学より、罰の与え方と子供の変質行動の程度の間に強い関係があるとの社会学的研究が出された。子供の叱り方は文化水準や意識の程度にもよるが、親にとっては本当に問題になる。子供の繰り返される間違いを前にして何とか親は正しい教育方法を準備しようとするが、その多くの場合は全てうまくいかないで終わるのである。ある母親はいう、5歳にもならないその息子は、しつこく繰り返す行動を禁じまた罰しているうちに、特にその母親に恥をかかせようとしているのかと疑問を持つにいたった、というのも誰か客の相手をしていると、いつもその子はわけもなく叫び、前にあるものなら何にでも手を出し、始終大事な宝物まで壊してしまうのだ、と。

● MEMO ●

〔コメント〕

1. タイトル中の「その関係」の代名詞「その」は、後から出る「罰」عقاب を指す。

2. 1行目 جامعة عين شمس はカイロにある大学。

3. 2行目終わりの على اختلاف مستوياتهم الثقافية ودرجة وعيهم について、まず前置詞 على の使い方「～は様々あるが」に留意。ついで مستويات は複数なのに、درجة は単数である理由は、おそらく複数を繰り返すのが重過ぎるように感じられたのであろう。

4. 4行目の بعض الأخطاء التي يقوم بها الأطفال について、動詞の قام بـ --- を用いるのは少々工夫が足らないように思える場合は、التي تحصل من الأطفال も可能。

5. 5行目の動詞と前置詞の関連、حذر من---، عاقب على --- に留意。

6. 少し長い文章になると、文章構造を確認する必要も出てくる。
   طالما --- حتى إذا ما ---، فـ --- となっている。～を長くしているうちに、～（疑問を持つ）ようになり、～している時はいつも、その時は（فـ ---）～。このような接続詞の使い方はアラブ人以外にはなかなかできないが、見たときに読み切れるようにはしておきたい。またこの文章に見られる、動詞の時制の使い方にも十分注意しておきたい。過去のことではあっても、繰り返されていた事柄は、現在形になっている。

7. 最後にある動詞 يُتلِف は、第4型動詞。

4. 社会関係

例文 6　ابنة إمبراطور اليابان تتزوج موظفا حكوميا وستصبح من العامة

ذكرت وكالة كيودو اليابانية للأنباء نقلا عن مصادر مطلعة أمس الأحد أن الأميرة ساياكو (35 عاما) ابنة إمبراطور اليابان أكهيتو والإمبراطورة ميتشيكو ستتزوج من يوشيكي كورودا المسؤول في حكومة مدينة طوكيو العاصمة.

وأكدت المصادر أن الأميرة ساياكو المعروفة شعبيا بالأميرة نوري ستعلن خطبتها إلى كورودا (39 عاما). وأضافت المصادر أن الإمبراطور والإمبراطورة أيدا بالفعل هذا الزواج مضيفين أن الزواج سيتم في الربيع المقبل، وستصبح الأميرة من العامة بمجرد عقد قرانها.

وقالت المصادر إن المسؤولين بالحكومة كانوا يعتزمون الإعلان عن خطبة الأميرة في وقت سابق من الشهر الحالي إلا أن سلسلة من الزلازل والأعاصير فرضت عليهم تأجيل الإعلان مراعاة لضحايا الزلازل والأعاصير. وتخرجت الأميرة وزوجها المنتظر من جامعة جاكوشوين في طوكيو. تجدر الإشارة إلى أن الأميرة من مواليد 18 نيسان (أبريل) 1969 وحاصلة على درجة الباكالوريوس في اللغة اليابانية وآدابها. (الرياض 04.15.11)

〈全訳〉
天皇陛下の令嬢は公務員と結婚し、民間人となる

　昨日、日曜日付の日本の共同通信が情報筋からとして伝えるところ、日本の天皇明仁と皇后美智子両陛下の令嬢清子内親王（35歳）は、首都東京都庁の職員黒田慶樹氏と結婚することとなった。同筋は、「のり」の愛称で親しまれる清子内親王は、黒田氏（39歳）との婚約を公表する予定で、また両陛下はこの縁結びを喜ばれ、今春結婚の儀が行われるとされ、婚姻と同時に民間人になると言った。同筋は更に、今月もっと早くに政府関係者は清子内親王のご婚約を発表する考えであったところ、相次ぐ地震とその惨害の犠牲者に配慮し延期されたものであると述べた。同内親王と将来の夫君は東京の学習院大学卒業である。清子内親王は1969年4月18日生まれで、日本語・日本文学学士である。

● MEMO ●

〔コメント〕

1. 日本関連の記事がアラブの新聞に出ることはあまり多くないが、珍しくリヤード新聞に出ていたので、ここに採用した。少し長いが、内容がわれわれには分かっているのでそれだけ理解しやすく、記事の全文を取り上げた。なお原文ではアリフに一切ハムザ文字は使われていないが、ここでは付記しておいた。

2. 動詞の تزوج にタイトル中では前置詞はないが、2行目では من を取っている。

3. 4行目 المعروف بـ --- ～の名前で知られている。

4. 6行目の終わりの方の単語 مضيفيْن は双数。

5. 8行目の مراعاة は対格で副詞句を作り、その直後の前置詞 لـ --- はなくても可能。意味は、～を配慮して、だから、日本文化との関係では多々活用できる。

6. 第10行目の المنتظر は、選挙後指名の終わるまでの間の大統領予定者などにも使う。第11行目の、何日生まれ、は、من مواليد --- という言い方で複数形を使用する。

4. 社会関係

例文 7　اجتماع رؤساء بلديات أوروبيين وفلسطينيين وإسرائيليين من أجل السلام

يشارك نحو خمسين من رؤساء بلديات إسرائيليين وفلسطينيين وأوروبيين، أو مندوبين عنهم أمس في ليون (وسط شرق) في مؤتمر من أجل السلام في الشرق الأوسط. وأعلن رئيس بلدية ليون جيرار كولومب في كلمة ألقاها لدى افتتاح المؤتمربحضور رؤساء بلديات منها تورينو (إيطاليا) وجنيف(سويسرا) وبرمنغهام (بريطانيا) وغرونوبل وبوردو (فرنسا)، أن المدن أصبحت "عناصر مهمة" في البحث عن السلام في الشرق الأوسط. وقال كولومب "إن المدن أصبحت عناصر مهمة. وبدون السعي إلى تجاوز دبلوماسية الدول ؛ فإن لديها دورا آخر تلعبه ؛ دور التقارب بين الشعوب والمواطنين." (القدس 12.07.04)

〈全訳〉
欧州・パレスチナ・イスラエルの市長による平和会合

　昨日、フランス（東部中央）のリヨンにおいて、中東平和のための会合が約50名のイスラエル・パレスチナ・欧州の市長やその代理の出席を得て開催された。会合の開会に当たっては、トリノ（伊）、ジュネーブ（スイス）バーミンガム（英）、グルノーブル、ボルドー（仏）などの市長が出席したが、その際、リヨン市長のジェラール・コロンボ氏は、中東の平和探求に関して、市は「重要な要素」になったと宣言した。同氏はさらに、「市は重要な要素になったのであり、国家間の外交に飛びつくことなく、自身が果たすべき役割がある。それはすなわち諸国民や住民を互いに近づけることである」と述べた。

● MEMO ●

〔コメント〕

1．パレスチナで発行されているクドス紙から、フランスで行われた平和運動についての記事を取り上げる。ヨーロッパの中東との強い紐帯に、改めて驚かされる。

2．〜のための、という言い方には幾つかある。 من أجل ---، في سبيل ---، لـِ ---. 少しニュアンスは異なるが、 في خدمة ---، طالبا ---، هدفا ---، بغرض ---، など。

3．1行目に、昨日 أمس とあるが動詞は現在形 يشارك であるのはどうしてか。一義的には文法上誤りということだ。しかし未だに会合が続いている場合には、参加の状態が続いているわけだから、無理すればこのような表現もあり得るということである。

4．2行目で في مؤتمر من أجل السلام として、不定形のままになっている点、留意。

5．3行目、المؤتمر بحضور رؤساء --- 〜長の出席を得た会議、という言い方に留意。

6．同行で、بلديات منها --- として、関係代名詞なしで続けているところは、すぐ気が付いてそのように読み取れるだろうか。6行目の、دورا آخر تلعبه も同様。

7．قال の後は、原則は إن で間接引用するか、あるいは引用符に入れて直接引用するかである。本文5行目では、قال "إن---." となっているので、驚かされる。

8．6行目の التقارب は、第6型動詞から来ているから、<u>互いに</u>接近する、の意味を落とさないようにしよう。

9．動詞と関連する前置詞の使い方を全体的に見直しておこう、شارك في ---、مندوب عن ---، بحث عن ---، السعي إلى ---، など。

4. 社会関係

例文 8　الحياة الاجتماعية بالمغرب

التكوين المهني – شهد قطاع التكوين المهني مؤخرا إصلاحات تمحورت أهدافها الأساسية حول توسيع بنيات التكوين وخلق أسلاك جديدة وخلايا متعددة للتكوين تستجيب للمتطلبات الاقتصادية والاجتماعية، ولحاجيات القطاعات المنتجة وكذا تطوير التكوين المستمر وتحسين جودة التكوين وجعله أكثر فاعلية.

التعليم – يحظى قطاع التعليم بأولوية خاصة من طرف الدولة، ويتجسد ذلك في حجم الاستثمارات والاعتمادات المرصودة 26,3 في المائة من الميزانية العامة للدولة مخصصة سنويا لهذا القطاع.

(المغرب اليوم 12.10.04)

〈全訳〉
モロッコの社会生活

　職業訓練－職業訓練セクターは最近種々の改善を図っているが、その基本的な目的は、訓練の仕組みの拡大、即ち新たな職業グループや訓練の小組織をたくさん創ることにより、経済的社会的な諸要求や生産セクターの必需品に対応し、継続的に訓練を発展させ、訓練の質の向上を図り、もってより効果的なものにすることにある。

　教育—教育部門は国の優先事項であり、年々この部門に国の一般予算の 26.3 ％が割り当てられて、投資や資金が充当されている。

● MEMO ●

〔コメント〕

1．職業訓練のことを普通は、التدريب المِهْني というが、ここでは、التكوين と呼ばれている。いかにも訓練を受けるという語感を避ける気持ちからか？文字通りには、تكوين(إيجاد) と التكوين は、創出すること、であり、職業創出ならば、إيجاد المِهَن となる。

2．2行目の、توسيع بنيات التكوين の内容を具体的にさしているのが、それに続く、خلق --- أسلاكٍ --- وخلايا --- であると読める。أسلاك、خلايا の両者は同格である。その後の、تستجيب の主語は、أسلاك、خلايا である。

3．3行目の、لحاجيات --- はその前にある動詞、تستجيب につながっているから、2行目の、للمتطلبات --- と同格である。

4．全体の文章のつながりは、وتمحورت أهدافُها حول توسيع --- وخلق (أسلاكٍ --- وخلايا---) تستجيب لِ ---، ولِ ---، وكذا (حول) تطوير --- وتحسين --- وجَعْلِهِ ---. の四つの言葉、توسيع، تطوير، تحسين، جعله はすべて同格である。なお、توسيع، خلق の両者も形式は同格だが、後者は前者の内容を具体的に示す関係にあることは、上記2．の通り。最後の、جعله أكثرَ فاعلية も意味上は、توسيع، تطوير، تحسين など全体を指していると読める。このように文法形式上の従属関係と意味上の従属関係に注意を払いたい。

5．それにしても実質的な意味の薄い言葉が羅列されている印象が強い。アラブの主要紙との違いである。具体策で実質は、خلق أسلاك جديدة وخلايا متعددة للتكوين し かない。

6．5行目の、تجسّد という言葉には、具現化するという語感が良く出ている。

7．同行の、مُخصّصَة は受動形で、الاستثمارات والاعتمادات المرصودة を受けている。関係代名詞で結んで、التي تُخصّص سنويا --- とすることもできるが、そうなるとこの 関係代名詞が先行する名詞と離れすぎる嫌いがある。但し、والتي تخصص سنويا --- として、一端接続詞 و で切って一呼吸置くことも考えられる。

4. 社会関係

例文 9　طب الطوارئ : اللحظات الأولى للإصابات – لحظات ذهبية – لإنقاذ الحياة

يعد طب الطوارئ فرعا من فروع الطب النادرة في السعودية،، كما هو الحال في معظم دول العالم، إذ يعود تاريخ هذا الطب بشكل بسيط إلى حرب فيتنام وكوريا بعد أن اكتسب الأطباء الميدانيون من الطب الميداني خبرة طويلة بعدها عادوا إلى بلادهم وأنشأوا هذا الطب الجديد بمفهومه الحديث "طب الطوارئ" حيث يتعامل الطبيب مع الحالات الطارئة كالإصابات والحالات الباطنية الحادة، فكونوا فريقا وأنشأوا هذا التخصص. وقد أثبت هذا التخصص استقلاليته واعترف به في أميركا وكندا كتخصص مستقل بذاته يؤهل به الطبيب إلى استشاري. وكشف الدكتور مبارك بن عبد العزيز استشاري الطوارئ والعناية المركزة في مستشفى الملك فيصل التخصصي ومركز الأبحاث والمشرف على برنامج الزمالة السعودية لطب الطوارئ أن لطب الطوارئ أهمية نكاد نعجز عن وصفها في السعودية ولأسباب كثيرة، منها كثرة الحوادث لدينا.(الشرق الأوسط
 12.14.04)

〈全訳〉
緊急医療では、傷害の最初が生命救済黄金の瞬間だ

　緊急医療は世界の多くの国でもそうだが、サウジでも稀少な医療の分野と見られる。というのは、その歴史はベトナムと朝鮮での戦争にしか遡らない簡単なもので、現場医療からフィールドの医者たちがかなりの経験を得てそれを持って帰国し、「緊急医療」という最新の概念でこの新しい医療を確立したのだ。医者たちは傷害や表面に出ていなくても危険な状態といった、緊急事態に対応するのである。彼らはチームを作り、この専門分野を設けた。それはすでに独自性を獲得し、米国やカナダでは独立した専科として認められ、医者はそのカウンセラーの資格を得ることになる。緊急医療ならびにファイサル国王専門病院の集中ケア及び研究センター・カウンセラーであり、緊急医療のサウジ同僚プロジェクト総括である、ムバーラック・ブン・アブドルアジーズ博士は、サウジで緊急医療は言い尽くせないほどの重要性を持っているが、それは自動車事故が多いことなど、様々な理由によることを明らかにした。

● MEMO ●

〔コメント〕

1．1行目の動詞、يُعَدّ は受身形、この後にも、5行目の、اعترف بـ --- 6行目の يؤهل بـ --- は受身であり、これだけ頻発されていると良い練習になる。

2．2行目の、إذْ 以下は理由を示している。

3．3行目の、بعدها はあまり滑らかなつながりになっていないので、ومعها 「(その長い経験)を持って」とすれば、一息ついて読みやすくなり、意味も取りやすくなる。

4．5行目の動詞は、فكوّنوا فريقا 第2型である。

5．6行目の動詞、كشف の目的語は、2行下の、أن لطب--- である。

6．7行目の استشاريُ カウンセラーの後に、所有格で、الطوارئِ، العنايةِ، مركز الأبحاث の3個の名詞が付属している。次の行の المشرفُ は主格で、استشاري と同格。

7．8行目の、أنّ لطبِ الطوارئ أهميةً という読み方になる。

8．9行目の、ولأسبابٍ كثيرةٍ の و は、--- وهذا とすれば読みやすくなる。

4. 社会関係

例文 10   نستقبل 9 كل ساعة --- عصر التوائم!

في الوقت الذي تبذل فيه الدولة جهودا كبيرة للحد من الزيادة السكانية، التي تعد غولا يلتهم كل الموارد وتقف عائقا ضد محاولات التقدم والتنمية، في هذا الوقت تفاجأ بمصدر آخر أو أخطر للزيادة السكانية، وهو الارتفاع الواضح في نسبة التوائم في الفترة الأخيرة. فمنذ أيام نشرت الصحف إحصائيتين مفزعتين عن الزيادة الرهيبة في عدد التوائم، الإحصائية الأولى كشفها تقرير لمركز تنظيم الأسرة، حيث أكد أن 9 توائم يولدون في مصر كل ساعة ؛ وأن عدد التوائم بلغ مليونين و 800 ألف نسمة، بنسبة 14% من إجمالي المواليد في مصر. (الأهرام 12.17.04)

〈全訳〉
9組の双子が毎時間生まれる時代

　人口増加は妖怪のように資源を食いつくし、発展と成長の障害になっているため、その抑制に政府が多大な尽力を払っているが、まさしくこの時、人口増加についてもう一つの、というより、さらに危険な情報が舞い込んだ。それは最近双子の率が明らかに増えているというのである。この数日、双子の数の凄まじい増加に関する二つの驚異的な統計が報じられてきた。その最初のものは、家族計画センターが出した報告であるが、エジプトでは毎時間ごとに、9組の双子が生まれているというのである。また同報告によると、双子の数は280万人に上り、それはエジプト全体の新生児の14％に当たるとのことである。

● MEMO ●

〔コメント〕

1. 1行目、الحد من --- 〜を抑える、〜に掣肘（せいちゅう）を加える、という成句。

2. 同行の、تُعدّ は受身形。よく受身として使われる動詞だから、早く慣れるとよい。

3. غول ج أغوال は砂漠にいるとされる妖怪、普通のお化けは、شبَح ج شبوح، أشْباح

4. 2行目の、في هذا الوقت は、それまでの副詞節全体がかなり長いので、それを受けて改めて言い直している。強いて直訳すれば、「〜の時、その時に」ということになる。

5. その直後の動詞、تفاجأ は第6型自動詞で、主語は一般状況ということだから、それに相当する هو はあえて明記されていない。動詞と一体の前置詞 بـ --- に留意。

6. それに続く語句は、بمصدرٍ آخرَ أو أخطرَ --- という読み方になる。

7. 4行目の、مفزعتين، الرهيبة 脅威の、恐ろしい、と二度も強調している。筆者の好みの問題だろうが、特に前者は必要ないとも読める。

8. 同行の終わりの動詞は、كشفها と読む。ها で直前の名詞を受けながらも、関係代名詞は使わないで、この動詞から新たに文章を始めている。主語はその直後の、تقريرٌ である。

9. 5行目の動詞、يُولَدُون は、第2型動詞現在形3人称複数の受身である。

10. 6行目、本来％は数字の後ろに来るはずだが、最近はここのように前に持って来る表記も見られる。日本同様の欧米式表記法である。なおここでの前置詞 بنسبة ％ من إجمالي --- 〜全体の〜％という割合で、という言い方は便利だから覚えておこう。％ のアラビア語表記は、في المئة であることは、すでに以前に出てきている。

コラム

4．分野別　英語−アラビア語辞書

(1) *Dictionary of Human Resources Management*, compiled by Habeeb Sahhaf, Beirut, 2003. 全体で218ページ。英語の術語に対して、アラビア語の対訳語とアラビア語の説明文がある。

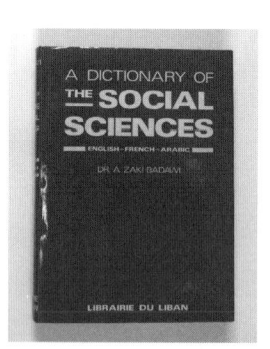

(2) *A Dictionary of the Social Sciences*, compiled by A. Zaki Badawi. Beirut, 1978. 全体で591ページ。英語の術語に対して、フランス語とアラビア語の対訳語が示されて、その後にアラビア語で説明がある。読み物としても使える。

(3) *A Dictionary of Architecture and Arts*, compiled by Bahnassi, Afif, Beirut, 1995. 内容は語彙集であるが、見て楽しい編集になっている。

5．その他の分野

　アラブ人の関心の広がりを見る上で、以上のほかにどのような欄があるか興味が持たれる。宗教、スポーツ、科学、読者の投書、弔辞などの欄がある。

　スポーツ欄では、サッカーが花盛りで、湾岸カップなど地域内のものもあるが、ヨーロッパ・サッカーの動きが相当詳しく出る。しかしその文章の多くはヨーロッパの人名、チーム名で埋められるので、芸能欄と同様、アラビア語としてはあまり良い材料にならない。科学欄は量的に少なく、欄自体が見られない日もよくあるが、ロボットのことなど日本関係が掲載されることが他分野に比べて比較的に多い。

　宗教欄は活発だ。イスラームの様々な意見開陳の機会を提供しているが、人気の高いイマームの発言は注目されている。アラブ・イスラーム社会全般の動向を知るためにも、やはり不可欠な分野と考えたい。読者欄は多分に編集のペンが入っているためであろうか、日本のようにはそれほど生々しい声が伝わってこない印象が強い。それとも投書する人自身がパターン的な作文をしたがるのであろうか。

　弔辞の欄は欧米並みで、日本では見られないような長文で個人の功績を称える内容のものが出ている。その割には評判になることはほとんどないので、あまり重視する必要はない。

5. その他の分野

例文 1
في الأردن العيد لمن لبس الجديد والإسراف أكبر سمة في الأحياء الشعبية والأرياف

للعيد في الأردن، خاصة في الأحياء الشعبية والأرياف، نكهة متميزة، حيث تنتصب الأراجيح الخشبية في الحارات ويستعد الناس له بشراء ملابس جديدة، كما تعرف الأسواق ومحلات الحلويات ازدحاما كبيرا, اذ درجت العادة على أن يحمل الرجال هدايا من الحلويات لتوزيعها على الأقارب والأصدقاء بشكل مبالغ فيه. (الشرق الأوسط 11.11.04)

〈全訳〉
ヨルダンでは祝日に新調の服を着て、
庶民や郊外の人の大判振る舞いは特徴的

　ヨルダンの特に庶民の地区や郊外では、この祝日には格別の匂いがする。それは街角に木製のブランコが設けられたり、人々が新しい服を買い込んで備えたりするからだ。また市場や菓子類の店では人でごった返し、やり過ぎくらいにたくさんの贈り物を親戚や友人に配るため、菓子のプレゼントをかつぐ男たちも、いつも変わらぬ風情だ。

● MEMO ●

〔コメント〕

1. タイトル中の「お祭り、祝日」とは、ここではラマダーン開けの祝祭のことである。ここでヨルダンのことを取り上げているが、新調の服を着て、たくさんの贈り物が行き交うのは、アラブ・イスラームならどこでも見られる。

2. タイトル中の、لبس は過去をさしているのではなく、時制を越えた表現で諺の表現法と同様である。إذا دخلتَ قرية فاحْلِفْ بإلٰهِها 村に入れば、その神に従え（郷に入っては郷に従え）といった諺をこの機会に覚えよう。中東に行けばこれは金言になるからだ。

3. 1行目にある حيث は、狭い意味の場所ではなくて、むしろ理由を示している。そう解釈しないと、ブランコが設けられたところだけに、「特有の雰囲気・臭い」がするということになってしまう。

4. 2行目の ويستعد الناس 以下はブランコだけではなく、もう一つの理由を挙げている。だからここにも、حيث が続けてかかっていると読める。

5. 2行目の كما 以下も内容的には「特有の雰囲気・匂い」の理由である。

6. 3行目の إذ も理由・原因を示すが、形の上で直接にはその前の行の كما تعرف الأسواق ومحلات الحلويات を受けている。

7. 以上のように、حيث、و、كما、اذ と理由を示すための言葉が4つも続けられ、さらにそれらはほとんど並置されている。これはアラビア語としても、古い文体である。現代はやはり短文の傾向が強く、文節でつなぐとしても、それぞれの文節の主従関係がはっきりしている方が、好まれる。

8. 動詞と前置詞の関係の大切さは幾度も触れてきたが、ここに出てくる、درج على ---、وزّع على ---、بالغ في --- などは一体として覚えないと、自分で使おうとする時に出てこない。また最後の شكل مبالغٌ فيه などは、فيه がないと شكل مبالغ だけでは完結していなくて意味をなさないことも、同様に動詞と前置詞の連関の問題である。ちなみに مبالغ は、ここでは第3型動詞の受動分詞である。

5. その」他の分野

例文 2　　جوالات جديدة من "نوكيا" تدعم مبدأ الهواتف الذكية

أطلقت شركة "نوكيا" كبرى الشركات المنتجة للهواتف الجوالة في العالم، مجموعة من منتجاتها التي تغطي العديد من مجالات الزبائن، في خطوة تعزز من سيطرتها على الأسواق العالمية، التي ما زالت تسيطر على حصة الأسد فيها. جاء ذلك خلال مؤتمرها السنوي التاسع الذي عقدته مؤخرا في إمارة موناكو، وألقت فيه الضوء على آخر اتجاهات الاتصالات الجوالة على مستوى العالم.
(الشرق الأوسط 11. 9. 04)

〈全訳〉
ノキアの新型携帯は、スマート・フォンの原則に則る

　世界最大の携帯電話製造会社であるノキアは顧客の様々な分野をカバーする新製品を打ち出した。これにより、同社が未だにライオンズ・シェアーを保有している世界市場の支配を強化しようというのである。これは最近、モナコ公国で同社が開いた第9回年次会合において明らかにされた。同会合では、世界における携帯通信の最新動向について光が当てられた。

● MEMO ●

〔コメント〕

1．携帯電話のために جوّال という新造語が出来たが、IT関係のアラビア語用語集も中東では出されているから、専門的にはそのような本に頼る必要がある。

2．1行目 كبرى の前に、コンマがあるほうが良い。その句の最後の في العالم の後には、コンマが付けられている。

3．強化する تعزز は直接に目的語を取ることが出来るのに、前置詞の من が置かれている。 تعزز شيئا من --- ということだから、多少婉曲的な表現。いずれにしてもこのような部分は、短期日にはまね出来ないので、出くわすたびに十分玩味しておこう。

4．2行目最後の関係代名詞 التي に対応する代名詞は فيها として、この文章の最後に出てくる。

5． حصة الأسد ライオンズ・シェアーは日本語でも知られているかと思うが、元々は欧米から入ったもので、アラビア語の表現ではない。

6．3行目の終わりの方にある関係代名詞、الذي を受けているのは、その直後の عقدته 及び4行目の ألقت فيه の2ヶ所ある。

7．4行目のモナコ公国は、مملكة ではなくて、إمارة が使われている。ちなみに إمارة の典型は、同格の首長が何人もいるアラブ首長国連邦 الإمارات العربية المتحدة である。

8．光を当てる ألقى الضوء على --- という表現は、西洋起源の造語であろうが、もうすっかりアラビア語としても馴染んでいる。ここでは主語はノキア社で、女性単数名詞だから、ألقت という形になっている。

9．最後の行の الجوالة はここでは形容詞として用いられているが、最近は独立しても使用される。

10．世界的水準における、على مستوى العالم ということで、この前置詞に注目しておきたい。同じような意味で、別の表現として、على صعيد --- という言い方もある。

5. その他の分野

例文 3   الهواتف الجوالة الذكية تجذب أنظار المستخدمين في جميع أنحاء العالم

يتوقع الخبراء أن تصل مبيعات الهواتف الجوالة الذكية العالمية في العام الحالي إلى 27،6 مليون هاتف، بمعدل زيادة يصل إلى 89 في المائة مقارنة مع العام الماضي، ويذكر أن ما بيع من هذه النوعية من الهواتف عام 2003 يشكل ثلاثة في المائة من الحجم الكلي من مبيعات الهواتف بأنواعها المختلفة وهي نسبة يتوقع أن تزيد عن 16 في المائة مع حلول عام 2009 أو ما يقدر بحوالي 129 مليون جهاز. ويذكر أن اليابان تتصدر قائمة الدول التي تنتشر فيها الهواتف الجوالة الذكية على مستوى العالم تليها كوريا الجنوبية. (الشرق الأوسط 11.23.04)

〈全訳〉
スマート・フォンは世界の使用者の注目を集める

　世界のスマート・フォンの売れ行きは今年中に、27.6 百万台に到達すると専門家は予測している。それは昨年と比べて、平均 89 ％の増加になる。この種の電話は様々な種類の電話が売られている中で、2003 年には全体の 3 ％に当たるということで、2009 年にはそれは 16 ％以上に成長すると言われている。それは 129 百万台に相当する。また世界水準で、スマート・フォンを最も使用しているのは、日本、次いで韓国になっている。

● MEMO ●

例文3　携帯電話（次世代）

〔コメント〕

1. 27.6と1行目にあるのは、27.6であることは、既出である。アラビア語では小数点はコンマ、千単位は点となるので、日本語とは逆。

2. 2行目 بمعدّل زيادة とあるがこれを بزيادة معدلة と言ってもよい。よく使われる言葉として معدّل はもう名詞扱い。他に、متوسّط も平均の意味で使われる。

3. مقارنة は副詞として読めるが、بالمقارنة と言ってもよい。

4. 同行の يذكر أن --- は、受身形であるとすぐに気が付くかどうか。

5. 同行、من هواتف هذه النوعية は من هذه النوعية من الهواتف というのと変わりない。むしろ前者のように何回も近いところで、من を繰り返すのはあまり感心しない。

6. 3行目の جميع الحجم は、الحجم الكلي とも言える。

7. 同行、من مبيعات الهواتف بأنواعها المختلفة というような前置詞の使い方に慣れること。ここの、ب は日本語的感覚では、في を使いたくなる。

8. 4行目の、مع حلول عام 2009 というのは、2009年となれば、と訳されるが、ここの「なる」というのに、حل، حلول が使われるのも、アラビア語特有の感覚がある。日本語的には、انطلاقا من عام 2009 くらいになるのだろう。

9. 5行目の تتصدر は先頭にたつ、一番だ、という意味。日本語だと一番の感覚は頭のイメージを使うが、アラビア語ではそれを、胸で一番を感じるということだろうか。ただし、頭を使う、ترأس という第5型動詞もある。

10. 6行目最後の تليها の ها は日本を指しており、従って、日本に次ぐ、という意味であるが、関係代名詞は使われていないので、تلي はここでは能動分詞の働きをしていると言える。

5. その」他の分野

例文 4   منتخب الكويت يسعى لتحسين صورته

يسعى منتخب الكويت لكرة القدم الى تلميع صورته في مباراته الدولية الودية أمام قيرغيزستان اليوم على ملعب الصداقة والسلام في نادي كاظمة في "البروفة" الأخيرة له، استعدادا لمباراته الحاسمة مع نظيره الماليزي في 17 نوفمبر الحالي في ختام تصفيات المجموعة الآسيوية الرابعة المؤهلة إلى (الكأس العالمي في ألمانيا سنة 2006.) (الشرق الأوسط 11.10.04)

〈全訳〉
クエイト選抜（チーム）は仕上げを望む

　今日キルギスタンのカージマ・クラブの友好平和競技場で行われる国際親善試合を最後の練習試合として、クエイト選抜サッカー・チームはその仕上げを望んでいる。この練習試合は、2006年、ドイツで開催されるワールド・カップに向けて、今月17日、アジア・第4グループ選抜最終戦として雌雄を決する対マレーシア戦が行われるのに備えて行われるものである。

● MEMO ●

〔コメント〕

1. 動詞の سعى の目的を表すための前置詞は第一行目の文章にあるように、إلى だが、タイトルでは省略されて ـِ が用いられている。

2. 1行目、تلميع صورته とは、辞書的な意味を汲むのは簡単だが、実際には何を指しているのか。文章全体を読めば、予選の前の最後の練習試合ということだから、最終的にチームとして仕上げる、ということであろうと了解される。この文章を読み当初からそのことが判明せず、確信も持てなくて何も不思議はない。この言葉を見ただけだと、印象を良くする、磨き上げるというような意味かと思われるだろう。

3. 2行目の「競技場で」という時の前置詞が في ではなくて、على になっていることに注目したい。もちろん في でも良いはずだが、最初の2行の間に4回も في を使うのを避ける意味はある。

4. 「練習試合」の言葉が引用符に入っているのは、外来語だからだろう。イタリア語の prova から来た。試合は مباراة ج مبارات، مباريات というように、二つの複数形がある。

5. أخير と آخر の違いを再確認しておこう。前者 أخير はもっとも最近の、後者は最後の、という意味である。もちろん両者が重なって、同一のものが最近であり最後となる場合もある。この例文では、むしろ意味上は後者のほうを使ったほうが、しっくり来るはずだが、このような使用法があることを覚えておこう。
   なお慣用句として、أخيرا ولا آخرا というのがあり、挨拶の締めくくりなどによく使われる。英語の Last but no least に当たる。やはり「終わりに」という言葉には、最後に回されたので、軽視されたのではないかという懸念が伴うのであろう。

6. 最後の行の المؤهلة は能動態である。「選抜」がワールド・カップへの資格を与えるからである。

5. その」他の分野

例文 5
حل وسط لإنقاذ الاتفاق الإيراني – الأوربي بشأن تعليق عمليات تخصيب اليورانيوم

قال دبلوماسي غربي قريب من المحادثات بين الاتحاد الأوروبي وإيران أمس إن طهران تخلت عن طلبها السماح لها بتشغيل معدات يمكن استخدامها لإنتاج وقود لمحطات طاقة ذرية أو لأسلحة نووية. وأضاف الدبلوماسي أن إيران "وافقت على إسقاط الطلب، وهم ينتظرون تأكيدا بأن رسالة سلمت(إلى محمد البرادعي مدير الوكالة الدولية للطاقة الذرية) لتأكيد ذلك". وحسب الدبلوماسي فإن إيران تراجعت عن إصرارها على استثناء 20 جهاز طرد مركزي من اتفاق تعليق عمليات تخصيب اليورانيوم. (الشرق الأوسط 11.27.04)

〈全訳〉
ウラニウム濃縮作業中断に関する EU・イラン協定を救う中間的解決（妥協）

　昨日、EU とイランの話し合いに近い西側の外交官は、原子力発電所や核兵器の燃料を作ることができる装置の作動承認（許可）に関する要求をイランは断念したと述べた。そして更に、「イランはその考えを諦め、そのことを確認する書状が IAEA バルダギー事務局長に届けられたことを確かめるため待っているところだ」と述べた。その外交官によると、イランはウラニウム濃縮作業中断協定から 20 の中央処理機を除外するように固執していたのを改めた由である。

● MEMO ●

〔コメント〕

1. タイトル中の حلّ وسط は名詞が並置され、後のほうは形容詞的な役割をしている。他の例では、オリジナル文書 الوثيقة الأصل 、メンバー諸国 الدول الأعضاء など。

2. 中断する、という意味ならタイトル中の تعليق の他に、توقف の方が一般的だろうが、後者はいったん中断してまた再開する印象が残るので、前者にしたのかもしれない。

3. 1行目の تخلّى عن と5行目の تراجع عن と二つ単語を使い分けて、繰り返しを避けている。更には、3行目の وافق على إسقاط --- も同じ意味だと言えるから、繰り返しを徹底して避けていることも分かる。

4. 2行目初め、--- عن طلبها السماحَ لها 動名詞が直接目的語を取っている。

5. 同行の يمكن استخدامها لإنتاج وقود とあるのは、動詞の أمكن が第2型だとすれば、目的語は直接取れるから、لإنتاج としないで إنتاجَ وقودٍ となっているはずだ。これは --- يُمكِن استخدامُها من أجل として、第4型動詞と見てよい。

6. イランもテヘランも女性名詞であることも見逃したくない。

7. 3行目から次の行にかけて、「以上を確認するための書状が・・・に到達したことを確かめるために」と言い、تأكيد が2度も出てくる。上記3．に見た、同じ言葉の繰り返しを避ける努力はここでは払われていない。他の言葉として、تثبيت などがある。またはここの最初の、تأكيد は省いて、--- ينتظرون بأن でも、十分意味は出る。

8. 第4行の سُلِّمَت は受身である。見てそのまま直ちに気づくようになってほしい。

9. 6行目の動詞、--- أصرّ على 及び、--- استثنى من という動詞と前置詞の連関にいつもながら留意したい。

5. その」他の分野

例文 6
أنان يقر بتلقي ابنه أموالا من شركة عملت مقاولا رئيسيا للأمم المتحدة في إطار برنامج "النفط مقابل الغذاء"

أكد الأمين العام للأمم المتحدة كوفي أنان أنه لم يحط علما إلا في شهر فبراير(شباط) الماضي بأن ابنه، كوجو، قد استمر في تلقي مبالغ مالية من شركة تفتيش سويسرية يجري التحقيق معها بشبهة التزوير وإساءة استغلال السلطة في إطار برنامج "النفط مقابل الغذاء" في العراق.
(الشرق الأوسط 12.1.04)

〈全訳〉
アナン氏は国連の"石油・食料交換計画"において主たる建設請負業者となった
会社から金銭を受け取っていたことを確認する

　コフィー・アナン国連事務総長は、自分の息子である、コージョーが、スイスの監査会社から金銭を引き続き受け取っていたことを知ったのは去る2月のことであったと認めた。当該の会社に対しては、現在イラクにおける"石油・食料交換計画"で偽造や権限濫用があったのではないかとの疑惑の下に捜査が行われている。

● MEMO ●

〔コメント〕

1．タイトル中の動詞 --- أقر بـ は、اعترف بـ、أكّد とも置き換えられる。

2．عملتْ مقاولا رئيسيا は、主たる建設業者として、という意味で、مقاولا は目的語ではない。名詞を対格にして、副詞的に用いている。

3．--- إطار برنامج の中の、إطار はなくても良さそうだが、アラブ人好みの用語の一つで、演説などでもよくお目にかかる。

4．1行目の --- أحاط علما بـ は知らせる、という意味だから、أخبر、أبلغ، أفاد などと同義語。ここではそれの受動型として يُحاط の短縮形 يُحَطْ が用いられている。

5．月の名前としてアラブ以前、アッシリア、バビロニアなどの時代からのセム語族のものが、主としてレバノン、シリアなどでまだ使われており、それが2月として本文に記載されている شباط である。本書142頁に挙げた、暦の研究論文参照。

6．2行目、単語として、تفتيش は監査、調査、審査など、تحقيق はやはり真相究明のための捜査、شبهة は疑惑、تزوير 偽造、捏造、إساءة は悪用、استغلال は濫用。ちなみに、賄賂は رشوة ج رشاً، رُشىً、チップは بخشيش ج بخاشيشُ など。

7．例文は一つの文章になっているが、意味の上からして --- يجري التحقيق 以下を独立した文章にすることも問題ない。--- ويجري حاليا التحقيق معها とした方がむしろ記事の書き出し部分である本文としては、読みやすいと考えられる。

8．「石油・食料交換計画」 مشروع "النفط مقابل الغذاء" 交換、という言葉はアラビア語には入っていないが、「等価」という訳も可能である。なお مقابلٌ はその前の名詞 النفط を修飾しているのではなく、それと同格の名詞として扱われているから、定冠詞もついていない。他方 مقابل を能動分詞でその前の名詞を修飾している形にしたいのならば、النفطُ المقابلُ للغذاء という言い方も可能。

5. その」他の分野

例文 7　صاحب أطول شارب في مصر——سائحة يابانية صورته بألف دولار

البعض يهوى تربية الطيور وآخرون يهوون تربية الأسماك أو جمع طوابع البريد، أما محمد عبد الحميد الشهير بـ"أبو شنب"، 43 سنة، فهوايته تربية شاربه والعناية به والعمل على رعايته، ينفق عليه أموالا كثيرة لشراء أغلى الشامبوهات والزيوت العالمية النادرة. وكما يقول أبو شنب فإنه يمكن أن يسافر إلى آخر الدنيا لشراء شامبوهات وزيوت وكريمات لإطالة شاربه الذي يعتبره أغلى شيء لديه في الدنيا ويقوم بالحفاظ عليه منذ أكثر من 25 عاما ويخصص له ميزانية خاصة من دخله الشهري. (الشرق الأوسط 11. 30. 04)

〈全訳〉
エジプトで一番口ひげの長い人

　日本人観光客（女性）は千ドル払って写真撮影：人によっては鳥や魚を飼い、あるいは郵便切手収集を趣味としているが、「口ひげ伯父さん」として有名なムハンマド・アブドル・ハミード氏（43）は口ひげを伸ばし、その手入れや面倒を見ることが趣味である。そのためには世界でも珍しい高価なシャンプーやオイルを手に入れるため、出費をいとわない。彼はヒゲを伸ばすためには、シャンプー、オイルそしてクリームを買うためにどこまでも行くつもりだと述べている。そのヒゲは彼にとってこの世で一番価値の高いもので、25年以上も前から伸ばしつづけ、月々の収入のうちから一定の金額を予算として割り当てるという。

● MEMO ●

〔コメント〕

1. ヒゲの話題はアラブ人にはおなじみである。まず口ひげは、شارب ج شوارب または شنب ج أشناب 、そしてあごヒゲと頬のヒゲを合わせて لحية ج لحى 、あごヒゲだけは ذقن ج ذقون である。أبو شنب は、ヒゲの長い人によくつけられる愛称であり、ここの登場人物固有のあだ名ではない。

2. 1行目の動詞 هوى には大きく分けて二つの意味がある。一つは気に入る、という意味で、هوِي (-) である。もう一つは هوَى (-) で、落ちるという意味。そこから、風 هواء が派生する。動詞としては現代では、前者の意味で用いる方が多い。

3. 2行目 رعاية، --- بـ عناية، تربية と三回も出てくるが、それぞれ、育てる、手入れ、面倒見、といったような区別になる。それにしてもこれをくどい表現と見るのではなく、調子を楽しむとともに、次の節につなげるため意味を強調しているのである。

4. 2行目最後の単語、يُنفِق は意味としては、能動分詞と変わらない使い方である。これを منفقًا とすることもできるし、逆に وينفق عليه --- と普通の文章として始めることもできる。ただし後者の場合、いったん呼吸が入るので、意味のつながりからすれば、少し緊張の張りが緩むという違いがある。

5. 3行目と4行目に定冠詞付きとそれがない形の شامبوهات، زيوت が両方出てきている。定冠詞がついている方は、世界でも珍しい最も高価な、という限定が意味上つけられている。不定形の方は一般的に、シャンプーや油、クリームを購入する、という意味。定冠詞使用、不使用の差は、この場合、このように実質的な差がある。

5. その」他の分野

例文 8   خبراء الكرة اليمنية : أداءٌ مرضٍ للمنتخب أمام البحرين والأحمر منح كل لاعب ألف دولار

أبدى عدد من خبراء الكرة اليمنية عن ارتياحهم ورضاهم عن المستوى الذي ظهر به منتخب بلادهم الوطني لكرة القدم في لقائه الأول أمام المنتخب البحريني في دورة كأس الخليج السابعة عشرة ضمن المجموعة الثانية، التي تضم أيضا منتخبي السعودية والكويت. وعلمت "الشرق الأوسط" من مصادرها الخاصة في اتحاد الكرة اليمني المؤقت أن الشيخ حسين عبد الله الأحمر رئيس الاتحاد منح كل لاعب ألف دولار على المستوى المشرف الذي قدمه المنتخب في أولى مبارياته المقامة حاليا بقطر. (الشرق الأوسط 12.13.04)

〈全訳〉
イエメン・サッカーの専門家は、バハレーン戦での選抜チームの戦いぶりに喜び、
アルアフマル氏は選手全員に千ドル授与

　第17回湾岸カップのトーナメントにおいて、バハレーンとの初対戦でイエメン選抜チームが見せた水準に、同国の多くのサッカー専門家は安堵し喜んでいる。これは、サウジやクエイトも入っている第2グループの試合の一環である。臨時イエメン・サッカー協会に独自に本「中東新聞」が持っている情報源によると、協会会長のシェイフ・フセイン・アブドゥッラー・アルアフマル氏は、現在カタルで進行中の試合当初に選抜チームが名誉クラスの扱いを与えた全選手に対して、千ドルの賞金を与えたそうだ。

● MEMO ●

例文8　イエメン（サッカー）

〔コメント〕

1. サッカーが域内交流に貢献し、アラブの団結にも役立っているようだ。イエメン発のニュースは多くないが、この記事は首都サナア発だ。

2. タイトル中の、أداءٌ はパーフォーマンス、試合内容、戦いぶりといったところである。もともとは実施、施工、遂行などの意味であるが、その硬い訳語のニュアンスとは異なる用語法に注意しておきたい。その直後の能動分詞形の مُرضٍ は、第4型動詞の、أرضى 喜ばす、喜ばしい、から来たもの。

3. 1行目の前置詞を確かめたい。أبدى --- عن --- رضاهُم عن --- الذي ظهر به ---

4. 2行目の、في مباراته لقائه الأول は、バハレーンとの初試合という意味だが、الأولى مع --- とも言える。

5. 3行目の動詞、علمتْ となるのは新聞紙名が主語になっており、それには新聞 الجريدة が書き込まれていなくても、女性名詞の意識が現れるということ。

6. 4行目にある、اتحاد الكرة اليمني المؤقت 臨時イエメン・サッカー協会、として、「臨時」を冠している。

7. 5行目、على المستوى المشرف は、名誉表彰を受けたクラスの意味。

8. 6行目の、مبارياته المقامة の動詞、أقام の使い方を覚えよう。パーティーや式典など、何か行事を行う、というのは、この動詞でカバーできる。

5. その他の分野

例文 9　اللبنانيون يشترون مياها ملوثة والأمطار تذهب هدرا في البحر

يعاني لبنان بكافة مناطقه أزمة مياه تشتد ضراوة كل صيف مع حلول موسم الشحائح، نتيجة الطلب المتزايد على المياه وتدني نوعيتها من جهة وزيادة التلوث من جهة ثانية، ويدخل على خط الأزمة تأخير في مشاريع مائية شاملة للشفة والري تشمل كافة المناطق وعدم اهتمام بتوزيع المياه وصيانة منشآتها المتآكلة والمهترئة مما يرفع نسبة التلوث، في حين أن حجم المتساقطات والمخزون الجوفي الذي يصل إلى نسبة عشرة مليارات متر مكعب سنويا، يكفي لسد حاجاته في المرحلة الآنية والمستقبل القريب، كما يؤكد الباحثون والخبراء الذين يجمعون أن الخلل في الإدارة المائية سيصل إلى لبنان عام 2015 إلى عجز مريب. (الشرق الأوسط 04.13.12)

〈全訳〉
レバノン人は汚れた水を買うが、雨は海へ無益に流れ込む

　水の需要が高まり、他方水質の悪化が起こり、さらに汚染も進む毎年夏の乾燥期の到来とともに、レバノン全土で水の危機がやってくる。このような危機を招く（背景）のは、全国的な飲料水と灌漑用水の包括的な計画の遅れと、水分配のあり方と汚染を強めることになる、老化にゆだねられた施設の保全に対する無関心などがある。他方で、年々一千万立方メートルにのぼる降雨量と地下水は現在と近い将来の需要を十分満たすものである。これは専門家、研究者たちが断言することだが、レバノンにおける水行政の欠陥は 2015 年には、深刻な崩壊をきたすことになる。

　（注：なおこの後、記者は南レバノン支配を通じて、イスラエルが水を盗んでいるという情報に言及）

● MEMO ●

例文9　環境（レバノンの水不足）

〔コメント〕

1．タイトル中の表現、ذهب هدرا は、無駄に大量浪費される、という成句。なお、レバノンは国名だが、男性名詞。

2．1行目の、تشتدّ の主語は、أزمة مياه で、ضراوةً 強さ、は名詞の対格で副詞的用法。さらに、كلّ صيفٍ や、行末の、نتيجة الطلب も副詞的用法。

3．同行の、مع حلول موسم الشحائح は乾燥の季節の始まりと共に、という意味。شحيح الأيام の複数形に、شِحاحٌ、أشحّاءُ、شحائحُ のように幾つかある。慣用語として、موسم الشحائح「乾燥期」という表現があり、その省略したかたちがここに使われている。

4．2行目の、تدنّي نوعيتها は、الطلب と同格。

5．3行目の、عدمُ اهتمامٍ は主語で、動詞は2行目の يدخل だから、تأخيرٌ と同格ということになる。

6．4行目の、متآكل، مهترئ 両方とも古びる、老化した、の意味。以上で、ضراوة شحائح と、さらに6行目の、آنٍ (الآنية) など、それほど使われない単語が連発されているが、この記者の趣味か？

7．5行目の、حاجاته はレバノンの必要性、の意味。

8．6行目の、يُجْمِعون は、第4型動詞で、見解一致する、だが通常前置詞の على をとる。

121

5. その」他の分野

例文 10　بلاغ كاذب في إدارة تعليم الرياض يسبب فزعا بين موظفيها وموظفاتها

تلقت إدارة تعليم البنات بمنطقة الرياض في وسط العاصمة ظهر أمس، بلاغا مفاده وجود متفجرات بالمبنى قابلة للانفجار، مما جعل المسؤولين الذين كانوا في اجتماع خاص لدراسة خطة التعليم للسنوات المقبلة يأخذون الأمر على محمل الجد، وتم على الفور إبلاغ السلطات الأمنية وأخلي المبنى من الرجال والنساء في قسم الإشراف الرئيسي الذي يقع في الجهات الغربية من المبنى. وقد أثار هذا البلاغ الذي اتضح لاحقا أنه "بلاغ كاذب" حفيظة وخوف الموظفين الذين شوهدوا يركضون نحو البوابة الرئيسية ويتزاحمون حولها. (الشرق الأوسط 12.16.04)

〈全訳〉
リヤード教育局での偽情報は、その職員に恐怖心を惹き起こす

　昨日午後、首都の中心リヤード地区にある女子教育局は、作動可能の爆発物の存在に関する通告を受け取った。今後の教育計画の特別検討会を行っていた職員は同情報を本気に受け止め、直ちに治安当局に連絡するとともに、建物の西側方面にある監視本部にいた男女は同建物から退去した。彼らは正面玄関へ走って行き、その周辺で混雑しているのが見受けられたが、その後、右通告は虚偽だと判明、職員の怒りと恐怖を惹き起こした。

訳後感
　最後の一文は、走ってゆく、混雑した、それから偽情報と分かり怒りを惹き起こした、というのが事態進展の順序である。原文の叙述の順序はその逆であり、このようなところに、表現を超えたアラブ人の発想の違いを感じさせられる。

● MEMO ●

〔コメント〕

1. 偽情報というのに、タイトル中では、بلاغٌ كاذِبٌ と言っている。贋金、作り話などは、مزيَّف を使う。

2. 1行目の前置詞の使い方は、改めて注目しておこう。بمنطقة --- في وسط となっている。2行目の、وجود متفجرات بالمبنى にも、同じ前置詞が使われている。

3. 同行の、مفاد は動詞の、أفاد の受動分詞。情報の中身を指している。また、同行の、وجود متفجراتٍ が不定形であることを、意識し再確認しよう。

4. 2行目の、--- قابلة はその前の、爆発物、متفجرات を受けている。

5. 同行の、مما جعل そのことが〜せしめた、という意味で、アラビア語としても翻訳調だが、われわれには使いやすい表現だ。--- الأمر الذي は、さらに翻訳調である。なおここでは、--- مما جعل --- يأخذون と3行目に繋がっている。

6. 2行目の اجتماع خاص は特別会合、--- اجتماع خاص بـ なら、〜に関する会合。

7. 3行目の、まじめに受け止める、أخذ الأمر على محمل الجد というのは、少ししゃれた言い方だが、日本人にとって使い勝手がよさそうな表現だ。

8. 同行の على الفور は、すぐに、という成句。في الحال، حالًا، فورًا なども同じ。

9. 同行の最後の動詞、أُخلِيَ は受身形。男女が建物から居なくなる、أُخلِيَ المبنى من الرجال والنساء という時、前置詞の من の使い方に注意。

10. 5行目の、حفيظة وخوف は、動詞、أثار の目的語で、同格。

コラム

5．新聞雑誌各種

（1）アフラーム紙；1876年創刊、エジプト及びアラブ世界での主要紙となった。

（2）アルビラード紙；サウジアラビアの全国紙
　　　アルリヤード紙；サウジアラビアの地方紙

（3）子供用の漫画雑誌
　　経済雑誌；アルイクティサード・ワ・アルアアマール『経済とビジネス』アラブ首長国連邦で発刊されている。
　　文化雑誌；アルカーフィル『キャラヴァン』アラムコ社が隔月発刊する高級雑誌

6．長文を読んでみよう

　新聞言語は変貌する世界の最前線にあるといっても、それ以外の言葉から孤立しているわけではない。新聞以外の文章にもなれておくことは、裾野の広さを持つためにも必要であろうし、逆に新聞の持つ特徴を知る機会にもなる。

　新聞の論説記事も含めて、いくつかの長めの文章を選んでその読破を試みてみよう。短文をつなげば長文になると考えられるが、実際はそうでもない。

　一つは量的に、途中で息切れすることがある。次に質的には、長くまとまるとどのような分野であっても少しは専門的な内容になるということ、また全体のトーンであるとか、短文に現れてこない点だが、筆者の意図しようとしている伏流の脈絡を丁寧に拾う必要がある、といった違いもある。

　要するに、レベルアップの段階に到達したということになる。以下には、論説文、挨拶文、学術論文、決議文（法律文）、文学作品の諸例を取り上げてある。それらの独自の感触が伝わってくれば幸いで、その感覚は一生の財産になる。自習が中心の場合は、読破に苦労するところがあるかもしれないが、本書はそもそもその手助けのために編まれている。これらの各分野の書き物を読む経験が済めば、後は自分の専門分野でどんどん前に進むしかない。そしてそれは本書を越える、上級者の世界である。

6. 長文を読んでみよう

例文 1　日本・サウジ修交 50 周年

　2005 年は両国外交関係樹立 50 周年に当たり、様々な行事も行われた。以下はこの機会に寄せて送られた、ファハド前国王とアブドッラー・ブン・アブドルアジーズ皇太子（現国王）の共同メッセージである。その内容とともに、簡潔明瞭な表現は、ここで最初に取り上げるのに相応しいかと思われる。

المملكة العربية السعودية واليابان : معا على بوابة القرن الواحد والعشرين
البيان الصادر سنة 2005 في مناسبة مرور 50 عاما على إنشاء العلاقات الدبلوماسية

خادم الحرمين الشريفين الملك فهد بن عبد العزيز وولي عهده الأمين صاحب السمو الملكي الأمير عبد الله بن عبد العزيز

1．タイトル中の、--- على بوابة というのは一つの成句である。同様の意味で、في مطالع --- という言い方もある。

2．ファハド前国王の称号は、かつての جلالة 陛下、は廃止され、二聖モスクの守護者、ということになった。また皇太子 ولي العهد に付されている、الأمين 安心できる正直者、は修飾語であるから、いつも付されるとは限らない。صاحب السمو الملكي 殿下 は称号であるが、その後の الأمير は、王子、何々の宮、に当たるので、称号ではない。

إن العلاقات السعودية اليابانية التي شهدت تطورا قويا ومتينا خلال السنوات الخمسين الماضية قد أسست على القيم المشتركة والمصالح المتبادلة، وأثبتت بذلك أنها تشكل نموذجا يُحتذى به لمد الجسور بين الشعوب والثقافات.

3．関係が進展した、というのを、関係が発展を実見した、という言い方になっている。このような、شهد の使い方については、本書では繰り返し注意喚起してきた。

4．أسست は受身になっており、次の動詞 أثبتت は能動形であることを、文章の流れに沿って理解したいものだ。さらにはその次の、يُحتذى は受身であるが、さすがに母音が振られている。それがなくても、本当はスムーズに受身と判断されて当然である。このように、受身か能動かは、いつも両様に読む可能性を残して、判断しながらよみ進めるわけであるが、かなりの部分慣れである。

5．احتذى بـ --- حذوٌ(-)حذا(-) という前置詞と動詞の連関に注意は怠れない。第 1 型動詞

から、حذا حذوَ --- ～を真似て、～に倣って、という成句がある。

إن الزيارات المتبادلة بين أفراد الأسرة الملكية والأسرة الإمبراطورية والمسؤولين في حكومتي البلدين قد أسهمت بشكل واضح في دعم روابط الصداقة ومجالات التعاون بين البلدين، فاليابان القوة الاقتصادية الثانية في العالم، تنال احترام العالم كله وإعجابه.

6．王室や皇室の人たち、という時、أفرادْ が使われていることを覚えておこう。何か特殊な言葉を捜したくなるが、個人、成員、といった意味の、فردٌ を使うのは、さっぱりしている。

7．貢献した、というのにぴったりの言葉は、--- أسهم في であることは本書でも何回か見てきた。

8．明らかに、は بشكل واضح となっている。في شكل واضح の方が日本語にはしっくり来るかもしれない。ただしここではすぐその後に、--- في دعم と出てくるので、繰り返して同じ前置詞を使いたくない事情がある。

9．最後の文章の、--- فاليابان 以下は、何回かお目にかかった副詞文として現在形動詞を使っている。

أما على الصعيد السياسي فاليابان تلعب دورا مركزيا في العالم عامة وفي آسيا بشكل خاص، في دعم السلام والاستقرار في الشرق الأوسط.

10．في العالم عامة وفي آسيا بشكل خاص という対句の形は、好んで用いられる。

وعلى المستوى الاقتصادي فاليابان ثاني أكبر شريك تجاري للمملكة العربية السعودية؛ حيث تستورد من المملكة ثلث احتياجاتها من الطاقة، بينما تمثل تجارتها واستثماراتها الصناعية دعما للتطور الاقتصادي في المملكة العربية السعودية.

11．ここでは、على المستوى الاقتصادي という表現にして、上にある على الصعيد السياسي と変化をつけている。

12．日本の貿易・投資が経済発展の支えになっている、という時の動詞は何が適切なのか。ここでは、مثّل 代表する、が用いられている。شكّل、كوّن、ساوى、خدم などがそれぞれ少し違うニュアンスではあっても、代替可能であろう。

6. 長文を読んでみよう

إنه ليشرفنا ونحن نحتفل بهذه الذكرى أن نقدم أطيب التمنيات لحكومة اليابان والشعب الياباني، ونتطلع إلى فتح مجالات أوسع للتعاون بين البلدين في المستقبل.

13. 強調の لَ 、その後の副詞文 ونحن نحتفل بهذه الذكرى に注意。

14. 期待する、鶴首（かくしゅ）する、として、تطلع إلى --- が用いられている。語感として、توقع よりも期待感が強い。背伸びしてまだかまだかと待つ様子が目に浮かぶのが、تطلع إلى である。

〈全訳〉

サウジアラビアと日本：21世紀の初めにおいて－二聖モスクの守護者　ファハド国王とアブドッラー・ブン・アブドルアジーズ皇太子殿下

　サウジと日本の関係は過去50年間、強固な発展をみましたが、それは共通の価値と相互利益に基づき、諸国民や諸文化を繋ぐ架け橋の模範ともなってきました。

　両国の王室や皇室、そして政府関係者による相互訪問は、双方の友好と協力の諸分野の絆を支えるために、大いに寄与してきました。その間日本は、世界第二の経済力で、全世界の尊敬と驚嘆の的でした。

　政治面では日本は、中東の平和と安定のために、広くは世界で、中でもアジアにおいて中心的な役割を果たされています。

　また経済面では、日本はサウジにとって第2のパートナーであり、日本のエネルギー需要の3分の1を王国が満たし、他方日本の貿易や産業投資はサウジアラビア王国の経済発展の支柱となっています。

　記念すべきこの時節に、日本国政府と国民の皆様に向けて心から御幸運を祈るとともに、将来の両国間においてより広い協力が展開されることを望んでやみません。

例文 2　حقائق من مكة المكرمة : إبراهيم نافع
（アフラーム紙、2004 年 11 月 10 日の週以降続けて掲載）

في المدينة وضع الرسول – عليه الصلاة والسلام – قواعد المجتمع العادل، وآخى بين المهاجرين والأنصار وكما اختار الله – سبحانه وتعالى – مكة لبزوغ الرسالة الإسلامية على العالم، شرف المدينة المنورة بأن جعلها منارة الإسلام الأولى إلى كل ربوع المعمورة.

1. 筆者はアフラーム紙主幹、アラブ報道協会会長などで高名なイブラーヒーム・ナーフィウ氏である。多くは政治的な内容の論説で鋭いペンを振るっているが、今回はラマダーン明け祭日を迎えた時節柄を反映し、聖地巡礼のテーマを取り上げている。

2. 「預言者」の後には必ず「神の恵みと平安あれ」 صلى الله عليه وسلم の句が唱えられることになっている。また正統ハリーファの名前の後などでは「神の嘉しあれ」 رضي الله عنه と唱えられる。そして「神」のあとには、3行目にある「称えよ、そして崇高たり」などのほか、 عز وجلّ など、いくつもの慣用句が用いられる。

3. المهاجرون والأنصار はそれぞれアルマディーナへの遷行の際のマッカからの同行者と、アルマディーナでの支持者であるが、イスラーム初期史の初歩的な事柄である。同行者はほんの 70 名くらいであったが、その後の支持者の多数に上ることから、アルマディーナはイスラームの首都とみなされるようになったことは、本論の後から判明する。

4. 動詞と前置詞の関連、というよりも一体的な取り扱いの枢要なことは、これまでも何回も繰り返してきた。 بزغ على، شرّف شيئا بـ --- などなど。

5. 最後の المعمورة という言葉を持ち出して、その前の العالم の繰り返しを避けている。

ويشعر الحاج أو المعتمر بأنه يعيش في قلب اللحظة النورانية التي فجّرها رجال المدينة الأوائل، عندما عاهدوا الرسول وآمنوا بدعوته وأوفوا بما وعدوا، وكانوا حقا وصدقا عند إيمانهم العامر.

6. 何かを感じる شعر بـ ---、信じる آمن بـ --、約束を果たす أوفى بـ と続いて、前置詞オンパレードである。 أوفى の三人称、複数形は أوفوْا である。

7. 巡礼には定められた時期の大巡礼とそれ以外の小巡礼がある。それぞれの時期の巡礼者が、 الحاج والمعتمر である。

6. 長文を読んでみよう

8. 以上で عمر から派生して、المعمورة، المعتمر، العامر などの言葉が出てくる。下手をすると混乱するかもしれないが、整理して理解すると逆に覚えやすくなる。

وبهؤلاء الصحابة، احتلت المدينة مكانة جليلة في قلوب المسلمين من مشارق الأرض ومغاربها، عن جدارة تليق بها، فهي دار الهجرة ومهبط الوحي ومثوى رسول الله – صلى الله عليه وسلم – وفيها مسجده الشريف وهي دار المجتمع الإسلامي الأول ومنطلق الجيوش الإسلامية الفاتحة، وهي سيدة البلدان وعاصمة الإسلام الأولى وفيها تفيض المعاني الإيمانية ، وكلما زرتها أشعر بأنني لم أشبع من أنوارها بعد.

9. 日本語の東西南北というときの語順は、アラビア語では北南東西という順序になる。من الشمال إلى الجنوب ومن (الشرق) المشارق وإلى (الغرب) المغارب つまりの順序だが、これは慣用であるので使用するときには注意したい。

10. 前置詞 عن (جدارة)--- は物事の源、原因などを指している。つまりその後の、「啓示の降りた場所」など 8 個の事由を導いている。على أسباب كالآتي とも言い換えられる意味がこの前置詞に込められている。

11. مثوى は辞書的に、住まい、ではなく墓である。これは慣用的にそう理解するしかない。

12. مسجده الشريف は、アルマディーナにある「預言者モスク」のこと。

13. 4行目の سيدة البلدان は諸国の長であり雛形、といった内容であるが、女性形になっているのは、المدينة を受けているからである。

وقد ورد في فضلها أحاديث نبوية كثيرة، جمعها مدّونو الحديث الشريف، فعن عبد الله بن زيد رضي الله عنه عن النبي – صلى الله عليه وسلم – قال : إن إبراهيم حرم مكة ودعا لأهلها وإني حرمت المدينة كما حرم إبراهيم مكة وإني دعوت في صاعها ومدها بمثلي ما دعا به إبراهيم لأهل مكة.

14. 冒頭の動詞 ورد の主語は أحاديث だから、وردت となってもよい。

15. 1行目の前置詞 عن も源を指し示すが、ここでは「〜によると」という預言者の伝承者を指すときの常套的な使い方である。2行目の عن النبي 伝承がもとは預言者から出ていることをいうための文言。

16. حرّم は「神聖化する」という意味にとっておくが、「禁止する」という意味もあり、宗教的には深い意味がある。その課題をここで取り上げることはできないが、示唆にとどめる。後者の意味での反義語は حلال、حلّ でこれも宗教上は大きな課題を含んでいる。

17. في صاعها ومُدها とは、昔の計測器と量の単位であるが、預言者の言葉としてこのような古風な表現が用いられている。その意味は、隅々まで、隈なくという内容である。これで、世界中を、東から西まで、隅々まで、というように、三種類の言い方をここで見たので、すぐにまとめておこう。كل ربوع العالم، من المشارق إلى المغارب、في صاعها ومدها の３個ということになる。

18. بمثليْ 何かを倍増して、という意味になる。

عن عاصم الأحول قال سألت أنسا: أحرّم رسول الله – صلى الله عليه وسلم – المدينة؟ قال: نعم، هي حرام، لا يختلى خلاها فمن فعل ذلك فعليه لعنة الله والملائكة والناس أجمعين.

19. عاصم الأحول も、次の أنس も人名。

20. ここで一番理解がすっきりしないのは لا يُختلى خلاها である。まず خلا というのはもともと خلاء であり、سماء، بناء とも言葉の調子でハムザを落とすことがある。これはこれらハムザがもともと三語根の一つではないからである。この語句の意味は、欠落部分を一つも残さない、つまり徹底的に聖地化したということである。

21. 次に من فعل ذلك いうことは、聖地化しないことであるから、要するに禁制を破る類のことを行うということである。

لقد كانت المدينة قبل الإسلام كغيرها من المدن غارقة في ظلام الجاهلية الأولى، لكن الله أنعم عليها بنعمة الهداية وجعل الرسول منها مكانا لحوار حضاري خلاق أراد منه أن يكون نبراسا ودرسا للجميع، فعندما أتم الله فتح مكة اجتمع الذين حاربوا الله ورسوله لكي يستمعوا إلى الحكم فيهم وهم يظنون أن الرسول – صلى الله عليه وسلم – لن يتوانى عن إنزال العقاب بهم فقال: ما تظنون أني فاعل بكم؟ قالوا: أخ كريم وابن أخ كريم. فقال: أقول كما قال أخي يوسف: --- لاتثريب عليكم اليوم يغفر الله لكم وهو أرحم الراحمين (سورة يوسف: 92).

22. ２行目の منها、منه とあるのは、前者はアルマディーナを受けているし、後者は対話 حوار を受けている。

6. 長文を読んでみよう

23．3行目の الذين の前には、مَنْ があっても良いくらいだ。

24．4行目「時間をかける」の類義語として、参考に以下を挙げておく。توانى は少し古風な言葉、تأخر は遅れる、後から来る、という意味では一番普通の言葉。また意図的な遅延策の際は、ماطل が使われるし、تمهل は手間取る、といったところ。

25．أخ كريم وابن أخ كريم「あなたは寛大で、また寛大な方の息子」と言って、預言者の父親（عبد الله بن عبد المطلب）も賞賛している。

26．預言者ユースフは、ヤアクーブの12人の子供の一人であるが、この際クルアーンの「ユースフ章」を見ておこう。

27．لا تثريب عليكم とくれば、アルマディーナの旧名はヤスリブ（يثرب）であったことを想起させられる。

〈全訳〉

　聖地マッカからの真実——アルマディーナにおいて預言者（神の恵みと平安あれ）は公正な社会の規範を定め、新旧の信奉者を兄弟関係に置き、神（称えあれ、また崇高たれ）が世界にイスラームの教えを示すのにマッカを選ばれたように、預言者は世界に対するイスラームの灯台として光明に満ちたアルマディーナを選ばれた。
　そこでは、アルマディーナで初期の人々が預言者に従い、その呼びかけを信奉し、約束を果たし、その満ち満ちた信仰に本心から誠実であることにより、解き放った光明の瞬間の最中に息づいていることを、大巡礼や小巡礼で詣でる人たちは、感じ取るのである。
　これら随行者たちを通して、世界中のムスリムの心の中に、アルマディーナは荘厳な地位を獲得したのだ。それにはいくつかの十分な理由がある。まずヒジュラ（避難の移住）の地である。啓示の降りた場所である。神の預言者（神の恵みと平安あれ）の墓所であり、預言者モスクがある。また最初のムスリム社会の館であり、イスラーム解放軍の原点でもある。それは諸国の長であり、イスラームの最初の首都である。そこには信仰上の意義が溢れ、私は訪れるたびにその光明をまだ汲みつくしていないと感じるのである。
　その有り難さについて、収集家たちは多くの預言者伝承を集めてきた。アブドッラー・ブン・ザイド（彼に神の嘉しあれ）は、預言者（神の恵みと平安あれ）が、イブラーヒームはマッカを神聖化し、その人々に呼びかけた、そこでイブラーヒームがマッカを神聖

にしたように、私はアルマディーナを神聖にし、イブラーヒームがマッカの人々に呼びかけたのよりも倍もアルマディーナの隅々まで人々に呼びかけてきた、と伝えている。

　アーシム・アルアフワールはアンサーに質問して、言った。預言者（神の恵みと平安あれ）は、アルマディーナを神聖化したのですか？　答えて言ったのは、その通り、それは隈なく神聖です、だからそれを犯す者には、神、天使、そして人々全員の呪いが掛けられるのです、と。

　アルマディーナもイスラーム以前には、他の町と同様、当初無明時代の暗黒の中に埋もれていた。しかし神は指導の恵みをかけられ、預言者は創造的な文明の対話の場所となし、それが全員の灯明になり、また学習になるようにされた。従ってマッカ開城を果たされた時、神とその預言者に挑んでいた人たちが集まり、審判を問うたが、その時預言者（神の恵みと平安あれ）が罰を下すのに時間をかけるとは考えていなかった。そこで預言者は言った、私があなた方にどうすると思ったのですか？　人々は言った、あなたは寛大で、そして寛大な方のご子息だ。預言者は言った、私は兄弟ユースフの言ったように言いたい…今日あなた方を、（取り立てて）咎めることはありません。アッラーはあなた方を御赦しになるでしょう。アッラーは最も慈悲深き御方であられます。（ユースフ章92節）」

訳後感

　淡々とした書きぶりの中に、逆に熱い思いが込められているようだ。

　この文全体を通して見て、最後のパラグラフで最高潮に達するのは当然だろう。それはアルマディーナが聖地であり、預言者はムスリムの学び舎となるように考えられた、だから多くの謀反の者に寛大にされたのだと論じる。同パラグラフの4行目に فقال「そこで預言者は言った」とあるが、これが文意の展開として鍵になっているのに注目したい。いわばこのエッセイ全体の重みが、この一言にかかってきているとも言えるからだ。

6. 長文を読んでみよう

例文3　挨拶文（大統領）

　80年代訪日の際の天皇陛下への答礼の辞であり、現代アラビア語として最も粋を凝らしたものというべきだろう。しかしそのわりに表現は過度の美文調にならず平易であるのは、親しみを感じさせる。感情の高まる部分は文章も切れ目が少なく、聞く人を引っ張っていく調子が読み取れれば、長文を出してきた意味があるといえる。なお、エジプト綴りで、ي は、ى と表記されている。

كلمة الرئيس حسنى مبارك في حفلة الغداء
التى أقيمت فى القصر الإمبراطورى

جلالة الإمبراطور هيروهيتو
يسعدنى أن أعبّرَ لجلالتكم وشعبِ اليابان الصديق عن مشاعر الامتنان والتقدير للحفاوة التي قوبلنا بها فى بلادكم العريقة، والكلماتِ الصادقة التي تفضلتم بتوجيهها عن مصر ودورها الرائد فى الماضى والحاضر اوالمستقبل، وعن الروابط الوثيقة التي تجمع شعبينا العريقين.

1. タイトル中の أُقيمتْ は受身になっている。（宴会を）催す、の動詞は (حفلة) أقام である。

2. 本文2行目の、表す عبّر عن という動詞と前置詞との関連は、再確認。

3. 同行の前置詞、للحفاوة は次の行の、والكلمات にもかかっている。

4. 3行目の、عن مصر と次の行の、عن الروابط と同格になっている。

5. 3行目の、古い عريق 以外にも عتيق، قديم などがあるが、歴史的な古さとして一番適切なのは、عريق である。عائلة عريقة といえば、古くからある家柄。4行目にも再出。

6. 3行目の表現、التي وجّهتَها は普通に言えば、التي تفضلتم بتوجيهها

وتعلمون أننا ننظر إلى الشعب اليابانى العظيم بكثير من الإعجاب والاحترام، بالنظر إلى الإنجازات الهائلة التي استطاع أن يحققها فى فترة زمنية قياسية، ويكفى أنه تمكن من الوصول إلى أعلى درجات التقدم العلمى والتكنولوجى، دون أى مساس بأصالته الحضارية والثقافية وحافظ فى كل المراحل على المقومات الأساسية للمجتمع، ضاربا بذلك المثل والقدوة للشعوب الآسيوية والإفريقية التي تكافح فى سبيل غدٍ أفضلَ للبشرية.

7. 1行目の بالنظر إلى のところは、他の語句としては、من حيث、بسبب、بالنسبة إلى、فيما يتعلق بـ ---، نظرًا لـ --، على أساس، などいくつもの選択肢がある。

8. 2行目の قياسي は、記録的な、という意味だが、ここでは要するに「短期間」ということ。

9. 同行の動詞 كفى の主語は文章上出ていないので、一般的な状況が主語と考えられる。あるいは同じ意味になるが、أنه 以下を主語と見ることも出来る。またここの文脈には当てはまらないが、一般的な状況と見られる場合、アッラーを想定していると見てよい場合もある。他方で、أنه とあるところの代名詞は、الشعب الياباني を指している。

10. 3行目の --- بـ مساس は日本語の、抵触する、にぴったりの語感である。

11. 同行の حافظ على という動詞と前置詞の結びつきに留意。

12. 4行目の ضاربا بذلك المثل والقدوة とあるが、この بذلك は「以上のことによって」という意味で、ضاربا の目的語は المثل والقدوة である。ただし動詞、ضرب に結びつくのは、المثل であって、القدوة を導く動詞は、قدّم、كوّن、شكّل などである。

13. このパラグラフ全体の構造をふり返って確認したい。2行目の半ばまでが、ひと段落である。その後、ويكفى 以下はその前の文章に付加されている副詞文（だから現在形になっている）。したがってこの接続詞 و は通常の意味である「そして」ではなくて、في حين أنّ، لما، عندما などで置き換えられる意味を出していて、つい と、أنه تمكن من ---، وحافظ على ---، ضاربا --- で 連結する構造である。

والواقع أنكم، يا جلالة الإمبراطور، تجسدون القيم اليابانية الرفيعة في أسمى صورها، فأنتم رمز الوحدة الراسخة التي أتاحت للشعب الياباني أن يبنى حركته دائما على قاعدة صلبة متينة، وأن يجعل العلاقات الاجتماعية قائمة على أساس التضامن والتكافل والحرص على إزالة التناقضات والخلافات في إطار التمسك بالمصلحة الوطنية العليا وروح الجماعة، ومن جهة أخرى فإنكم تجسدون قدرة شعبكم على الجمع بين الاستمرار والتطور وتحقيق التزاوج الخلاق بين القديم والجديد، بوعى كامل بحقيقة تحديات العصر وجوهر النضال الإنساني وبإيمان لا يتزعزع بأن السلام هو طريق الشعوب إلى الحرية والرخاء والتقدم.

6. 長文を読んでみよう

14．この第3パラグラフは、起承転結でいえば転ずる箇所で、話者の感情の高まりは文章の切れ目のなさにも反映してきているようだ。最初の出だしから、4行目の終わりあたりまでが一続きの文章である。

15．すでに何回か出てきているが、2人称複数形は敬語表現の基本の一つである。敬語のためにはこれ以外では、言い回しで表現することになる。例えば、〜して下さい、を、لو تكرّمتم بـ ---، تفضلوا بـ --- などで始めれば、相当な敬意を表していることになる。

16．3行目の動詞 أتاحت の目的語としてよく出るのは、機会 الفرصة である。ここでもこの言葉が、省かれたとさえ見える。أن يبني --- が目的の内容を導入している。

17．3行目の الحرص على --- とあるのは、その前の文章とどうつながるのか。やはりその前にある、--- على أساس につながり、التضامن والتكافل と同格と見るのが妥当であろう。

18．4行目に في إطار --- という語句があるが、枠組みの中で、という文字通りの意味ではなく、〜しながら、とか、〜に配慮しつつ、といった程度に理解した方が、原語の意図が汲めるようだ。

19．日本語だと、不動の、とか、揺るぎない、という表現として、لا يتزعزع は使えそうだ。

20．最後の行の「平和は自由と、繁栄、そして進歩への道である」とあるが、平和が繁栄と進歩に結びつくのはすぐ了解できるが、自由との因果関係はそれほどはっきりしない。高揚した気持ちでかなり大判振る舞いの印象だが、アラブの政治演説ではよくあること。

وقد تحدثتم عن الذكريات الطيبة التي خرجتم بها من زيارتكم لمصر منذ عام 1921، وإعجابكم بما شاهدتموه من معالم الحضارة والمدنية، ولكم اليوم أن تعتزوا بالشوط الطويل الذي قطعه البلدان فى تعزيز جسور التعاون فى جميع الميادين والتزايد المستمر فى حجم التبادل التجارى والثقافى والآفاق المتاحة لمضاعفة هذا التفاعل فى المستقبل القريب والبعيد.

21．普通ならば、〜年の訪問という場合は、前置詞は في となるが、第1行では منذ となっている。その理由としては、動詞が خرج であり、「その記憶を〜以来持っている」というような、継続の発想が支配しているからだろう。ここのところを通

常の言い方にしてみると、次のようになる。
التي تبقى لديكم من الزيارة لمصر في عام 1921

22．1行目の --- إعجابكم بما は、 الذكرياتِ と同格と読める。

23．2行目の ولكم اليوم أن تعتزوا という表現は、--- الحق لكم أن という意味だから、～ということでしょう、くらいの日本語になる。これが --- عليكم أن であれば、～すべし、ということになる。

24．同行最後の、--- قطعه البَلدان の主語は双数であって、複数 البُلدان ではない。

25．3行目の --- والتزايدِ は大きな進歩、 الشوط الطويل の内容を示すものだから、 والآفاق --- جسور تعزيز في の تعزيز と同格と見られる。また4行目の --- は、3行目の حجم と同格である。

26．このパラグラフだけでも、14個の前置詞が使われている。特殊なものはないが、動詞と結びついているものは、復習しておきたい。
تحدث عن ---، إعجاب بـ ---، اِعتزّ بـ --- など。

وخلال أسابيع، يحتفل الشعب اليابانى ببلوغكم الثانية والثمانين، ويسعدنا أن نشترك معه في تقديم أطيب التمنيات القلبية لكم بالصحة والسعادة والتوفيق.

27．82歳の「年」の単語は省かれている。

28．2行目に名詞形で出ている --- بـ تمنّى は、～を祈る、～を願う、という意味だが、相変わらず前置詞が重要だ。

29． التوفيق はいろいろの文脈でお目にかかるが、単純には「成功」と訳せる。しかし神が与える成功であるから、意味としては、幸運、無事、などの意味も含まれている。この機会に一応その幅広い意味を拾っておこう。

6. 長文を読んでみよう

〈全訳〉

（以下の訳は細かいアラビア語表現には左右されず、意味の本体を汲み出すやり方、意訳、で行ったもの。このような方法は、もちろん文法なども十分踏まえた上でないと曲解になってしまうリスクを含む反面、日本語としてよりこなれたものになるメリットがある）

皇居での昼食会におけるムバーラク大統領の挨拶

天皇陛下、この美しく伝統豊かな貴国においてわれわれ一行に寄せられた温かい歓迎に関し、またただいまエジプトとその過去、現在、未来における指導的役割及び伝統ある両国民を結ぶ緊密な絆についての心のこもったお言葉に関し、陛下及び親愛なる日本国民に深い感謝の気持ちを述べるしだいです。

われわれが短期間に驚異的な業績を達成した偉大な日本国民に対し、常に深い賞賛と尊敬の念を抱いてきたことはいうまでもありません。日本国民がその文化的伝統を少しも損なうことなく、科学技術の面で最高の水準に到達したことは周知のところであります。日本国民はその発展の各段階を通じて決して自国の伝統的価値を失うことはありませんでしたが、これは、人類により良き未来を実現せんとして現在努力を続けているアジア・アフリカ諸国民にとって、類のない手本となりました。

陛下が日本の持つ価値観を何ものにもまさる形で体現しておられます。陛下は日本国民の間に深く根ざした国民的統合の象徴であられますが、この国民的統合こそは、日本国民が国家の利益と共同体の精神を保持するため、矛盾や対立を除去し、結束と相互依存に基づく社会関係を築きつつ、確固たる基盤の上に前進を続けることを可能にしたものと考えられます。

さらに陛下は、継続と進歩とを結びつけ、新旧の間に創造的調和をもたらす貴国民の能力を具現されておりますが、これは新時代の挑戦と人類の闘争の本質についての充分な認識と、平和こそが人類の自由と繁栄と進歩の大前提であるとの強い信念を持っておられるためと思います。

ただいま陛下は1921年にエジプト御訪問の際の懐かしい思い出およびエジプトの文化や文明に対する賞賛の気持ちを述べられました。今日両国の間の協力関係はあらゆる分野で目覚しい進展を遂げ、貿易や文化交流は不断の増大を続けており、さらに、今後この種の交流や相互依存関係は一層拡大する可能性を持つにいたっておりますが、陛下もご満足のことと存じます。

日本国民は数週間後には、陛下の82歳の御誕生日を祝賀いたしますが、われわれも日本国民とともに、心からの祝意を表するとともに陛下御自身のご健康とご多幸をお祈りいたします。

例文 4　كلمة الافتتاح للجنة الثنائية لرجال الأعمال

　次はある二国間民間会合での開会挨拶の一部。アラビア語の一言一言に引っ張られると、日本語としてとても通らずに、こうなると内容を把握してそれを置きなおすという、意訳の姿勢でしか対処できない。原文は特に美文調を狙ったわけではないが、言葉の選択の背景にある、発言者の発想が現代的な意味では十分機能的でないと言えそうだ。この種の文章にも付き合って、それをこなす必要もあるという例になるか。

الحضور الكرام
يبدو واضحا من برامج اجتماعكم اليوم أن قضايا البيئة تحظى بأولوية عالية من اهتمامكم. وهذه ظاهرة تستحقون عليها كل التقدير لأنها تعبر عن إدراك عميق لأبعاد البيئة وحمايتها وعن التزام وثيق بالدور الاجتماعي والإنساني لرجال الأعمال.

1．再三だが、動詞と前置詞の連関に常に注目しておきたい。حظِي بـ ---، استحق على ---、عبّر عن ---، التزم ب --- などがこのパラグラフに見られる。

2．2行目の كلَّ التقدير は副詞句になっている。

وذلك أن دائرة الاهتمام بقضايا البيئة تشهد اتساعا كبيرا في المساحة والمدى وتغييرا جذريا في المفهوم والطبيعة ينتقلان بها من المستوى المحلي الوطني إلى الصعيد العالمي. حتى لنكاد نلمس لدى المنظمات العالمية المختصة توجها حثيثا نحو إيجاد معايير وآليات تشكل بمجموعها ملامح إدارة دولية لشؤون البيئة.

3．1行目から2行目の終わりあたりまでの文章にしても、「環境問題は一地域のものから世界的なものへ移行した」と言えば済むところを、前半部分で助走をつけているようなものである。

4．2行目の ينتقلان بها --- の主語は اتساعا كبيرا وتغييرا جذريا か、あるいはその直前の المفهوم والطبيعة のいずれかだ。意味上、後者で、その場合現在形動詞は能動分詞と同様の役割を果たしている。この事例も、すでに何回も見てきた。
なお、بها は بدائرة الاهتمام である。

5．2行目の حتى لنكاد の --- لـ は、強調だとの説明もあり得るが、なくても済むところ。

6．3行目の ملامح は、大所、要点、骨組みなどの訳語も考えられるが、これもなくても済むようだ。

وإذا كانت في الأدبيات البيئية وأدبيات التنمية أيضا ما يشير إلى أن كلا منها يشكل قيدا على الآخر فإني أريد أن انتهز هذه الفرصة لأعرب عن رأي آخر تماما وهو أن الاعتبارات البيئية أصبحت ذات أثر لا ينكر في السياسات الاقتصادية.

7．1行目の أدبيات が2回も出てくるが、いずれも冗語に近い。

8．1行目から2行目の文章は、إذا ----- فإني أريد أن ---「もし～ならば、～である」という構文になっていることに注目。

9．接続法の動詞が二度続いて出てくる。أريد أن انتهزَ --- لأعربَ عن ---

10．3行目の لا يُنكر は受身で、否定できない、という意味を付加している。このような表現としてよく見るのは لا يُغفل ، لا يُستهان بـ --- などで、無視できない、相当な、といった意味。

إن الحوافز الإنمائية أصبحت ذات دور واضح في رسم السياسات البيئية وإن هذا التدخل بين التنمية الاقتصادية والتوازن البيئي لا يشكل قيدا على أي منهما لأنهما مفهومان متكاملان يستندان إلى مبدأ واحد هو مبدأ الاستقلال الأمثل للموارد والثروات في إطار الإجماع على أن الإنسان هو الغاية النهائية للمفهومين معا وأن التنمية الحقيقية هي التنمية البشرية المستدامة.

11．1行目の「開発上のインセンティブは環境政策策定上、明白な役割を持つにいたった」とあるが、普通ならば前後は逆になり、「環境配慮は開発政策策定上、重要になった」という順序であろう。次の「経済開発と環境のバランスの互いの関与は・・・」というのも、「環境上の要請」というなら整理されて理解しやすいが、原文の言葉に一つ一つ振り回されると大変なケースである。

12．3行目の مبدأ الاستقلال الأمثل للموارد الثروات というのも、どのような「原則」を指しているのか、実態がこの表現からははっきりしない。もちろんこのパラグラフの最後に出てくる、持続可能な開発、に結びつけたいのは間違いない。

〈全訳〉
ビジネスマン二国間委員会開会の挨拶

　ご出席の皆様
　本日の議題からしまして、環境問題が高い優先度を持っていることが明らかと存じます。これは非常に高く評価されることであります。というのは、その問題の諸側面と保全の意義をよく認識し、ビジネスマンの社会的人間的な役割をしっかり果たそうとする決意を表しているからです。環境問題への関心は大きく広がり、自然のあり方についての考え方は一地域のものから世界的な規模に、根本的な変化をたどっています。その結果、環境問題の国際的な対処の目途を作り上げる基準とメカニズムを設けるようにとの指針が、国際的な専門機関から出されようとしています。そこで私としては、環境と開発が互いに足を引っ張る関係にあるのであれば、まったく別の考え方をこの機会に表明したいと思います。それは、環境配慮はいまや、経済政策上無視できないものであり、開発は環境政策策定上、明白な役割を担っているということであります。つまり、このように互いに重大な影響を持つ開発と環境問題は、いずれもが一つの原則に基づいているものであり、決して縛りをかけるものではありません。この原則とは、資源や国富というものは個別に独立してはいても、結局人間がすべての目的であり、真の開発は持続可能なかたちの人間的開発であるとの総意の下で進めるということです。

6. 長文を読んでみよう

例文5　学術文（暦の歴史）

　学術論文の書きぶりを見てみよう。もちろん本質的には何も珍しいことはないはずだ。文章に省略がないこと、誤読を避けるため母音記号が随所に入れられていることなどが目につく。新聞よりも遅筆であるため、丁寧な表現は読みやすいとさえ言えそうだ。このような文章は新聞でも論説欄でお目にかかることがある。以下は書き出し部分のみ。

　それにしても今日、いわゆる翻訳調の文章がわりに目につくとすれば、この学術論文の世界ではないだろうか。欧米流の書きぶりに染まったのか、気負っているのか、あるいは本当に欧米語で発表したものを翻訳したのか、理由は分からない。ただしここで取り上げるのは、その種の亜流アラビア語ではない。

التأريخ عند الشعوب ونشأة التقويم الهجري

(الدكتور محمد التنجي، مجلة الجامعة الإسلامية ،عدد 3، سنة 1993، ص155-156)

مضت عشراتُ القرون من عمر البشرية، وما زال العالم يسير على غرار القدماء في التقويم والتأريخ، إيمانا من الإنسان الحديث بدقة الإنسان القديم وإبداعه. ويظل القرآن الكريم السند الأكبر في فهم عوالم الأفلاك وتحرُّكها.

1．2行目の、إيمانا は本書で既によく見た、名詞の対格を副詞的に用いた例。

من هذا المنطق رأيت دراسة التأريخ عند الأمم، لأصلَ في النهاية إلى التقويم الهجري الإسلامي الذي اقترحه الإمام علي (ع) ورسخه الخليفة الثاني عمر. وسأحاول إبراز عبقرية الإنسان الأول في كشف ما كان يحتاج إليه، وتذليل ما كان يعترضه في تساؤلاته. وسنرى أن الأمم السامية كانت السبّاقة في هذا الميدان.

2．1行目の --- لأصلَ は、研究の結果〜、という結果を示す لِ の使用例。

3．2行目の、(ع) は、رضي الله عنه というハリーファ、預言者側近などに唱えられる成句。預言者ムハンマドには、صلى الله عليه وسلم 神の恵みと平安を、を使う。

4．2行目から3行目は、سأحاول إبرازَ عبقريةِ --- في كشفِ --- وتذليل --- という構造になっている。

لعل صفاء سماء الجزيرة العربية سببٌ كافٍ لتسهيل عملية الاكتشاف الفلكي،لأن التقويم أصلا يعتمد على الكواكب الثابتة والمتحركة. وقد لا تتم معرفة تحركاتها بدقة ما لم تكن السماء صافية ليلاً ونهارًا. والأمم السامية كلها تقريبا عاشت في قلب الجزيرة العربية، أو على بعض أطرافها.

例文5　学術文（暦の歴史）

5． 1行目などにある、السماء は男女両性の名詞。この種の名詞でよく用いられるのは、نفْس، حال، طريق، سِلم، ذهَب، سُلطان، خمْر، سِكّين، فرَس، مِلح، لِسان など。特にはじめの三つ（نفْس، حال، طريق）は、女性名詞扱いの方が多いようだ。

6． 同行の、لعلّ ----، لأنّ ---- と文章がつながっているが、日本語としては無理をしないと意味が通らない。なぜならば、天体観測と空が澄んでいること、の関係が前者で、暦は天体の動きに依存すること、が後者であるが、後者は前者の理由とは直ちには言えないからである。そこで通常は理由を示す لأن は、ここでは意味上は、بينما 他方、とでも読まざるを得ない。このような個人固有の言葉の使い方は、新聞ではあまりお目にかからないものである。

ومن هنا جاء تعريف ابن منظور لكلمة التقويم؛ فقال : قام بمعنى وقف. وقام قائم الظهيرة، أي قيام الشمس وقت الزوال. والمعنى أن الشمس إذا بلغت كبَد السماء أبطأت حركة الظل، إلى أن تزول. فيحسب الناظر المتأمِّل أنها وقفت، وهي سائرة. لكنّه سير لا يظهر له أثر سريع، كما يظهر قبل الزوال وبعده.

7． ابن منظور は7世紀―8世紀、アラブ最大の辞書 لسان العرب を編纂。引用されている文章は7世紀の辞書にある、التقويم の説明だから古風に感じて当然だろう。

8． الظهيرة، الزوال はともに、正午、の意味。その瞬間には太陽の動きが停止するように見えることを説明している。引用は、2行目の、الزوال までで終わり。引用中にある、قائم は、立っている、という文字通りの意味のほか、直角、ちょうど〜、の意味でもある。ここでは、ちょうど正午、としておいた。

9． 2行目の、كبَد は、ここでは天頂の意味だが、肝臓の意味でもよく使われる。

10． 3行目の、سيرٌ を受けて、لا يظهر له أثرٌ سريعٌ とつながるのである。

وكلمة التقويم هي باللاتينية : Calendarum، ومعناها البيانات المهمة، وهي مشتقة من Calendar. أي اليوم الأول من الشهر الروماني. وهو حدث مهم عندهم، ويعني البدء بالسوق التجاري وببعض الأعياد.

11． いきなり名詞や代名詞で始める文章が4つも続いている。元来は動詞で始めるか、名詞文を導入する接辞 إنّ などを文頭に持ってくるのが省略されている例は、新聞用法でたくさん見てきた。今後この文体が抑制的ながら、さらに流布するのであろうか。

143

6. 長文を読んでみよう

〈全訳〉
諸民族の歴史とヒジュラ暦の発達
（ムハンマド・アルタンジー博士、イスラーム大学紀要第3号、
1993年。155 – 156ページ）

　人類の年齢は何十世紀も積み重なっている。しかし世界はいまだに古の人々のやり方で暦と歴史を刻み、彼らの正確さと創造力に信頼を寄せている。また引き続き聖クルアーンは天体とその運行を理解するのに、最大の典拠である。
　このような論拠から、私は諸国の歴史を観察し、最後にイマーム・アリー（神の嘉しあれ）が提案し、第2代ハリーファのオマルが確定したヒジュラ暦に到達したのである。私はこれから、初期の人たちが必要としたものを探し、考慮の末不要としたものを破棄することにおいて、いかに天賦の才があったかを示し、またこの分野でセム諸族がいかに先駆的であったかを見ることにしたい。
　おそらくアラビア半島の空の澄んでいることは、天体研究の作業を容易にする十分な要因であったと思われる。他方暦は元来、動いたり静止したりしている星座に依存しているが、日夜を問わず空が澄んでいなければ、その動きを詳細に知ることは望めない。セム諸族はほとんどがアラビア半島の中央かその周辺部分に住んできた。そこでイブン・マンズールの暦の定義を見てみよう。彼はいう、暦の語源（立つ）は停止するという意味である。つまりちょうど正午に立つ、言い換えれば、正午に太陽は停止するということ。その意味は太陽が天頂に達するとき、影の動きが遅くなりやがて止まる、そうすると見ている人は太陽が停止したと思い込む。しかし実際には、正午の前後と同様に動きはあるのだが、ほとんど気づかないほどだということである。
　ラテン語で暦は、Calendarum だが、その意味は重要な通達ということである。その語源は、Calendar つまり、ローマ月の第1日目を指し、市場の取引やいくつかの祭事の始まりでもあり、彼らにとっては大切な日であった。

例文6　決議文（アラブ団結憲章）

　本件憲章がアラブ首脳会議で採択された1960年代半ばは、遥か彼方になった。それだけ歴史的な文書になったわけだ。特にイスラエルとの関係やアラブ諸国間の信頼関係構築は、前進した面が少なくない。それでもこの文章からは、現代のアラブ諸国の原点としての価値は失われていないし、言葉使いは現在の報道用語としても、まだまだ生命力がある。またこの種の文章は、法律文のスタイルでもあるので、契約書などを読む際にも一つの雛形を提供していると言える。

ميثاق التضامن العربي الذي وافق عليه مؤتمر القمة العربية الثالث في الدار البيضاء بتاريخ 19 من جمادى الأولى لعام 1385 الهجري الموافق 15\6\1965.

إيمانا بضرورة التضامن بين الدول العربية ودعم الصف العربي لمناهضة المؤامرات الاستعمارية الصهيونية التي تهدد الكيان العربي، ويقينا منا بالحاجات القصوى لتوفير الطاقات العربية تمهيدا لتعبئة القوى لمعركة الكفاح لتحرير فلسطين وإيمانا بالحاجة إلى الانسجام والوفاق بين الدول العربية لكي يتسنى لها أن تلعب دورا فعالا في إقرار السلام ورغبة منا في توفير جو تسوده روح الود والإخاء بين البلاد العربية حتى لا يتمكن الأعداء من أن يفتوا في عضد الأمة العربية، فقد التزمنا نحن ملوك ورؤساء الدول العربية في مؤتمر القمة المنعقد بالدار البيضاء بين 13 و17\9\1965\ بما يلي :

1．憲章の前文だが、パラグラフ全体の構造をきっちり捉えよう。إيمانا بضرورةٍ --- ودعم ---، ويقينا منا بالحاجات لِـ --- وإيمانا بالحاجة إلى ---، ورغبةً منا في ---، فقد التزمنا --- بما --- :となっている。前置きが長くて、それを受けた主文は、فقد التزمْنا 以下である。動詞、名詞、形容詞などと前置詞の連関もついでにすべて確かめておこう。

2．الصف العربي アラブの戦列、التضامن 団結、الكفاح 闘争、المناهضة 抵抗、روح الود والإخاء 友好的同胞心、المؤامرة 陰謀 などはアラブ政治の常套語である。これらを並べるだけでも、いっぱしの政治演説が出来上がりそうだ。

3．本文2行目の、قُصْوَى は形容詞 قَصِيّ の最上級女性形。最上級男性形は、أقصَى

4．3行目の初め、لتعبئة القوى لمعركة الكفاح لتحرير فلسطين とあるが、言い換えるとすれば、لتعبئة القوى في سبيل معركة الكفاح من أجل تحرير فلسطين も可能。

5．4行目の تسنّى لـ --- أنْ --- は、〜できる、のもう一つの言い方になる。今までの、

145

6. 長文を読んでみよう

な يستطيع أنْ ---، في استطاعته أنْ ---، يمكن أنْ---، من الممكن أنْ ---، يقدر أنْ ---، どに追加できる。

6．5行目の言い回し、 يفتوا في عضد ---- 〜を弱める、の動詞は、فتّ (-ُ) فتّ

أولا : العمل على تحقيق التضامن في معالجة القضايا العربية وخاصة قضية تحرير فلسطين.
ثانيا : احترام سيادة كل من الدول العربية ومراعاة النظم السائدة فيها وفقا لدساتيرها وقوانينها وعدم التدخل في شئونها الداخلية.
ثالثا : مراعاة قواعد اللجوء السياسي وآدابه وفقا لمبادئ القانون والعرف الدولي.

7．2行目の、 احترام, مراعاة, عدم التدخل はすべて並置の関係にある。

8．3行目の、 شئونها は、 شؤونها という綴り方の方が、最近では普通。

رابعا : استخدام الصحف والإذاعات وغيرها من وسائل النشر والإعلام لخدمة القضية العربية.
خامسا : مراعاة حدود النقاش الموضوعي والنقد الباني في معالجة القضايا العربية ووقف حملات التشكيك والمهاترة عن طريق الصحافة والإذاعة وغيرها من وسائل النشر.
سادسا : مراجعة قوانين الصحافة في كل بلد عربي بغرض سن التشريعات اللازمة لتجريم أي قول أو عمل يخرج عن حدود النقاش الموضوعي والنقد الباني، من شأنه الإساءة إلى العلاقات بين الدول العربية أو التعرض بطريق مباشر أو غير مباشر بالتجريح لرؤساء الدول العربية.

9．2行目の、 النقاش الموضوعي والنقد الباني の語句の形容詞二つは、それぞれ実態的な（ موضوعي は普通、客観的という意味合いだが、ここではそうでない）、建設的な（ بنّاء という言葉も良く用いられる）という意味合いだが、どちらかというと実質的な効果よりは語呂合わせと調子を取るために挿入されている点を読み取ってほしい。なぜならば、それらの形容詞がなくて、「議論と批判の節度を守る」といえば十分意を達すると見られるからだ。

10．2行目の条項の構造は、 (مراعاة) حدود النقاش --- ووقف حملات التشكيك と並置になっている。

11．4行目から5行目の名詞の、 قول أو عمل は不特定だから、関係代名詞なしで直接、 يخرج عن --- ، من شأنه --- と続いている。

12．5行目から6行目の、 الإساءة إلى --- أو التعرض بالتجريح لـ --- の両者は、並置されている関係である。

〈全訳〉

アラブ団結憲章・ヒジュラ暦1385年第1ジュマーダー月19日、1965年9月15日、ダール・アルバイダーにおける第3回アラブ首脳会議合意

　アラブ諸国間の団結とアラブ存立を脅かすシオニスト植民地主義の陰謀に抵抗するためアラブの戦列支援の必要性を信じ、パレスチナ解放闘争の戦いへの諸力充実に備えアラブのエネルギーを蓄える最大の必要性を確信し、平和達成における有効な役割をアラブ諸国が果たすためにその間の調和と融和の必要性を信じ、アラブの弱体化を敵が図らないためにアラブ諸国間の友好と同胞心が満ち溢れる雰囲気の醸成を希望し、1965年9月13日―17日、ダール・アルバイダーで開催されたアラブ首脳会議において、われわれアラブ諸国の国王や大統領らは、以下について誓約した。

第1：アラブの諸課題、特にパレスチナ解放の課題への対処では、団結を実現すべく行動する。

第2：アラブ諸国の主権を尊重し、その憲法や法律に則る既存の組織を保全し内政不干渉を遵守する。

第3：国際的な法律の原則や慣行に従い、政治逃亡の規則やその礼儀を遵守する。

第4：アラブの課題のために、新聞や放送などの広報手段を駆使する。

第5：アラブの課題を扱う上で、実態的な議論や建設的な批判の（範囲で）限度を守り、猜疑心を起こさせるキャンペーンや新聞・放送などを通じて侮蔑することを停止する。

第6：アラブ諸国間の関係悪化や直接または間接的にアラブ諸国首脳を傷つけることになるような、実態的な議論と建設的な批判の限度を超えるいかなる言葉や行為も処罰するための立法を進めるべく、すべてのアラブ諸国において、新聞関係諸法の見直しをする。

6. 長文を読んでみよう

例文7　自叙伝　（アフマド・アミーン）

　　アラビア語改革運動のほか、イスラーム史叙述、文学評論でも活躍し、その非常に直截で簡潔な表現は「イギリス風」として知られた、アフマド・アミーン（1954年没）の作品である。自叙伝全体は哲学的な諦念で満たされているが、文章は実直さで貫かれた作風だ。次の例文8.のタハ・フセインの作品とともに、アラブ近代自伝文学の双璧をなしている。なお في، الذي などを فى، الذى とエジプト式で表記している。以下は書き出し部分のみ。

حياتي　　بقلم أحمد أمين　(1950)

---، فالمادة لا تنعدم وكذلك المعاني، قد يموت الطير وتموت الحشرات والهوام، ولكنها تنحلّ فى تراب الأرض فتغذى النبات والأشجار، وقد يتحول النبات والأشجار إلى فحم، ويتحول الفحم إلى نار، وتتحول النار إلى غاز، ولكن لا شيء من ذلك ينعدم، حتى أشعة الشمس التى تكوّن الغابات وتنمى الأشجار تختزن فى الظلام، فإذا سلطت عليها النار تحولت إلى ضوء وحرارة وعادت سيرتها الأولى.

1. 2行目の動詞、تغذي は、第2型。

2. 2行目の動詞、يتحول النبات — は文法的には、تتحول となるはずだ。しかし元来、アラビア語文はすべて男性動詞で始めることが可能であり、いまだにこのような諸例にぶつかる。

3. 名詞の نبات، أشجار، فحم، نار، غاز に定冠詞が付いたり、付かなかったりするパターンを良く見ておきたい。終始一貫させるためには、2行目に初めて出てくるところでは、نبات، أشجار は不定名詞でも通ると見られる。

4. 4行目の動詞、تنمي は、第2型あるいは第4型。

5. 同行の تُختزن は受身、主語は أشعة الشمس である。

6. 4行目の初めにある、عليها は、その前の、الأشجار، الغابات を指している。

7. しかし最後の同じ行の、سيرتها は、意味上、أشعة الشمس を指していると読める。尚その動詞、عاد が過去形になっているのは、その前の、تحولت と同様に、条件文の主文の動詞だからである。

وكذلك الشأن فى العواطف والمشاعر والأفكار والأخيلة، تبقى أبدا، وتعمل عملها أبدا، فكل ما يلقاه الإنسان من يوم ولادته، بل من يوم أن كان علقه، بل من يوم أن كان فى دم آبائه، وكل ما يلقاه أثناء حياته، يستقر فى قرارة نفسه، ويسكن فى أعماق حسه، سواء فى ذلك ما وعى وما لم يع، وما ذكر وما نسى، وما لذّ وما آلم، فنبحة الكلب يسمعها، وشعلة النار يراها، وزجرة الأب أو الأم يتلقاها، وأحداث السرور، والألم تتعاقب عليه .

8. 2行目の、عَلَق 凝血について、クルアーン第96章「凝血章」に神は人を凝血から創られたとあることが、思い起こされる。

9. このパラグラフでの、韻を踏むような繰り返しの調子を見てみよう。1行目の أبدا、2行目の يسمعها، يراها、3行目の من يوم、3行目の في、3行目から4行目の ما、4行目の يتلقاها など。

10. 文章構造としては、7つの塊からなっているので、その始めと終わりを示す。
وكذلك --- والأخيلة، تبقى ---أبدا، فكل ما يلقاه --- في دم آبائه، وكل ما يلقاه --- في أعماق حسه، سواء --- وما آلم --- فنبحة الكلب --- الأم يتلقاها،لا وأحداث --- عليه.

11. 一番最後 --- والألم، السرور は一つながりの意味を成しているので、コンマはない方が意味は通りやすい。原文にはあるので、ここでも残してある。

كل ذلك يتراكم ويتجمع، ويختلط ويمتزج ويتفاعل، ثم يكون هذا المزيج وهذا التفاعل أساسا لكل ما يصدر عن الإنسان من أعمال نبيلة وخسيسة – وكل ذلك أيضا هو السبب فى أن يصير الرجل عظيما أو حقيرا، قيما أو تافها – فكل ما لقيناه من أحداث فى الحياة، وكل خبرتنا وتجاربنا، وكل ما تلقته حواسنا أو دار فى خلدنا هو العامل الأكبر فى تكوين شخصيتنا.

12. このパラグラフは意味上4つの塊になっている。その始めと終わりを示すと、
كل ذلك --- ويتقاعل، ثم يكون --- وخسيسة – وكل ذلك أيضا --- تافها – فكل ما لقيناه --- شخصيتنا.

13. 2行目の前置詞、يصدر عن، السبب في を確認したい。

14. 1行目で、ثم يكون هذا المزيج أساسا と不定名詞にされているケースと、2行目で、كل ذلك هو السبب と定冠詞が付いているケースがある。意味上の区別など意識して確認しておこう。また同様に、من أعمالٍ نبيلة وخسيسة، من أحداثٍ は、いずれも不定名詞のままであるが、これは意味からしても、特定出来ないケース。

6. 長文を読んでみよう

15. 最後に、هو العامل الأكبر とあるが、それ以前の種々のものを受けているのだから、代名詞は هي でもよさそうなところだ。もちろん形式では、كل を受けているからどちらでも良いケースだろう。意味としては、種々のものはすべて一つのものに還元されるというのが作者の思想だから、やはり هو の方が意図にしっくり来るということになるのだろう。

〈全訳〉
私の人生（1950年　アフマド・アミーン筆）

　…とにかく物質も観念も消えうせることはない。鳥や昆虫、小虫などは死んでも、土壌に分解され、草木の栄養になる。そして草木は石炭になり、石炭は火になり、火はガスに変わるかもしれない。しかし、消えうせるものはないのだ。太陽の光も、森をつくり樹木を育て、それから暗闇にためられる。そして火がつくと光と熱になり、元の軌道に戻ることになる。

　同じことは感情、感性、思想や幻想についても言えるので、その影響は先々も永久に残る。人は生まれたときから、いや血痕、あるいは先祖の血の中にいたときから受けたものが、そして人生において受けたものが、その精神の底にたまり、その感覚の深みに定住する。それは、意識しようがしまいが、あるいは覚えていようが忘れようが、あるいは楽しかろうが苦しかろうが、変わりない。耳にした犬の泣き声、目にした火の炎、父親や母親の怒鳴る声、引き続く喜びや苦しみの出来事　－　これらすべては蓄積され、集まってくる。それらは混合し、混交し、互いに作用する。そしてこの混ざり合いと相互影響は、人の立派な、あるいはひどい行為の基礎となる。同時にそれは人を偉大にもさせ、あるいはつまらなくさせる、そして価値ある人となるかそうでないかといったことすべての原因にもなる。そこで人生において受けるすべてのこと、すべての経験や試み、そしてわれわれの感覚が受けるすべてのもの、及びわれわれの脳裏を巡るすべての事柄は、われわれの人格を形成する最大の要因に他ならないのだ。

例文8　自叙伝　（タハ・フセイン）

　才気横溢のタハ・フセインの世界は、感性そのものである。長いフランス留学で培った部分もあろう。また種々の評論では、執拗なくらいの主張の領域へ、美文で酔わせながら誘い込む。1973年、彼の予期せぬ死去により、ノーベル賞の遅すぎる措置に対して批判の声が起こったことは、覚えている人も少なくないだろう。なお في، الذي など を فى، الذى とエジプト式で表記しているのは前の例文と同様だ。以下は書き出し部分のみ。

الأيام　　　بقلم طه حسين　(1927)

لا يذكر لهذا اليوم اسمًا، ولا يستطيع أن يضعَه حيثُ وضعه الله من الشهر والسنة، بل لا يستطيع أن يذكر من هذا اليوم وقتا بعينه، وإنما يقرِّب ذلك تقريبًا.

1．主語は自分である語り手だが、それを明らかにせず文章を進めて、茫洋とした感じが出されている。また年、月、日が判明しないが、神が定めた日時も分からない、としてムスリムの感覚にも訴える仕掛けを作っている。巧みな物語の起こし方と言えよう。なお著者の最初の名前は、アラビア語では、ターハ、と長母音だから気をつけよう。ここでは慣行により、タハ、とした。

وأكبرُ ظنِّه أنّ هذا الوقتَ كان يقعُ من ذلك اليوم فى فجْره أو فى عِشائه. يُرَجِّح ذلك لأنه يذكر أنّ وجهه تلقَّى فى ذلك الوقت هواءً فيه شىءٌ من البَرْد الخفيف الذى لم تَذهبْ به حزارةُ الشمس.

2．文法的にはほとんど説明を要する例外的な箇所がない。誰にでもついてゆける文章でありながら、巧みな表現で想像力をかきたててくれる。名文としか言いようがない。

ويُرجِّح ذلك لأنه على جهله حقيقة النور والظلمة، يكاد يذكر أنه تلقَّى حين خرج من البيت نورًا هادئًا خفيفًا لطيفًا كأنّ الظلمة تَغْشَى بعض حواشيه. ثم يُرَجِّح ذلك لأنه يكاد يذكر أنه حين تلقَى هذا الهواءَ وهذا الضياءَ لم يُؤْنِسْ من حولِه حركة يَقظةٍ قويةٍ، وإنما آنسَ حركةً مستيقظةً من نوم أو مقبلةً عليه.

3．على جهله は、知らない、という言い回し。

4．2行目の、كأنّ は、～の様に、という意味で、～として、でないことは自明であろう。

6．長文を読んでみよう

5．3行目では、同じ光というのに、言葉を الضياء として、نور の3回目の繰り返しを避けた。また نورٌ 光は、男性名詞、نارٌ 火は女性名詞だから確認しておこう。

وإذا كان قد بقى له من هذا الوقتِ ذِكْرى واضحة بينة لا سبيلَ إلى الشك فيها. فإنما هى ذكرى هذا السِّياج الذى كان أمامه يقوم من القصَب، والذى لم يكن بينه وبين باب الدار خطواتٌ قِصارٌ. هو يذكر هذا السِّياج كأنه رآه أمس. يذكر أن قصَبَ هذا السياج كان أطولَ من قامته، فكان من العسير عليه أن يتخطاه إلى ما وراءَه.

6．ذكرى は女性名詞であるが、常にこのような初歩的な諸点は確認しよう。いざという時に、いつもその知識を稼動にしておくための心構えのように思われる。

7．2行目の、قصَبٌ は茎に空洞のあるもので、エジプトではサトウキビが最も一般的、ただし書道の筆になる葦の茎もこれに当たる。原本の注に、後者であるとなっているので、それに従った。

8．もちろん、قِصارٌ (خطواتٌ) は普通用いられない形容詞女性形の複数である。

ويذكر أنّ قصَبَ هذا السياج كان مقتربًا كأنما كان متلاصقًا، فلم يكن يستطيع أن ينسلَّ فى ثناياه. ويذكر أنّ قصبَ هذا السياج كان يمتدّ من شِماله إلى حيثُ لا يعلم له نهاية، وكان يمتدّ عن يمينه إلى آخر الدنيا من هذه الناحية. وكان آخر الدنيا من هذه الناحية قريبًا ؛ فقد كانت تنتهى إلى قناةٍ عرَفها حين تقدَّمَتْ به السِّنُ، وكان لها فى حياته – أو قلْ فى خياله – تأثيرٌ عظيم.

9．1行目の、كأنما は、كأنه に置き換えられる。

10．同行の動詞、انسلَّ は第7型で、すり抜ける、の意味。

11．2行目で、من شماله إلى ---، --- عن يمينه إلى --- من هذه الناحية. という構造になっている。後半は前置詞、عن --- إلى --- من として、そこで من が二度出ることを避けている。

12．「左手の方は終わりを知らないほど、右手もこの世の終わりまで、」と言いながら、この世の終わりは近いところにあった、というのは、読者心理を引っかけて驚かせる効果のある書きぶりだ。ユーモラスにも受け止められる。

〈全訳〉
日々　(1927年　タハ・フセイン筆)

　その日がいつだったのか、覚えがない。神が定められた年月も、定かでない。さらにはその日の時間さえ覚えがなく、およその推測しかできないのだ。

　ただ言えるのは、その時間はその日の明け方か、夕方だったろうということだ。というのは、その時彼の顔に、まだ太陽の熱が少し残っているようなちょっと冷たい風が吹いていたのを、覚えているからだ。また彼が家を出た時に、光か影かも分からないが、その周りを影が包んでいるような、静かで軽く柔らかい光を受けたことを覚えているからだ。それからそのように推測するのは、その風と光を受けた時、周りの活発な動きは見受けなかったが、しかし眠りから覚め、あるいはまさしく眠りにつこうとしている（静かな）気配が感じられたからだ。もしこの時間から、はっきり記憶が残っていたならば、何の疑問も起こらなかったはずだ。しかし残っている記憶は、彼の前にある葦の茎でできた垣根のことしかない。その垣根と家の戸口とは、ほんの数歩しかあいていなかった。そしてこの垣根を昨日見たかのように、彼は覚えているのだった。その葦は自分の背丈よりも高いため、その後ろに跨いで越えることは難しく、またそれはきっちりと詰まっていてほとんどくっついたようになっていたので、その間をすり抜けることもできなかった。さらに覚えていることは、垣根の葦は左手の方へ終わりがない程伸びていたことと、右手の方はこの世の終わりまで伸びていたということだ。ただし右手のこの世の終わりは、実は近かった。というのは、大きくなってから知ったことだが、そこには運河が流れていたからだ。そしてこの運河は、彼の人生にとって、というよりも彼の幻想世界にとって、相当重要な影響をもつことになる。

コラム

6．日本紹介書籍

（1）古事記
　　　日本の宗教（2冊・中央は拙著）

（2）子供用絵本
　　　日本語教科書（2冊）

7. アラブ人の作文練習帳から（古文調）

　日本語でも何語でもほぼ同様な事情だろうが、その言語固有な味を出している文章ほどレベルは高いと言えるかもしれない。しかし他方でそれは外国人にとっては手ごわい相手となるのである。

　以下ではその様な、いかにもアラビア語固有の味わいが濃厚に出ている諸例を選んでみた。その大半は、アラブ人が高等学校レベルで作文の練習に用いる文例である。文章や言葉使いと同時に、それぞれが伝えようとしているアラブの道徳観、処世の知恵なども垣間見られるところは、読む者にとって興味津々かと思う。

　もちろん最終的には、アラビア語の源泉である、クルアーン、ハディース、ジャーヒリーヤ詩、そして種々の主要文学作品が念頭に浮かぶくらいの素養を身につけることが理想である。ただしそれはアラブ人でも容易ではないし、言うまでもなく中級を超えた段階の目標である。

7. アラブ人の作文練習帳から（古文調）

例文 1　الرجل وابن عمه

ذهب رجل من جند معركة اليرموك يبحث عن ابن عمّ له بين القتلى والجرحى، ومعه قدَحٌ مملوء ماءً، فعثر به، فوجده في غاية ما يكون من التعب، فقال: هل لك أن تشرب؟ فلم يستطع أن يكلِّمه، فأشار إليه أن نعم، ولكنه سمع رجلا يئنّ بجواره، فأشار إلى الرجل أن يسقيَه أولا، فذهب إليه، وقال له: هل لك أن تشرب؟ قال: نعم، ولكنه سمع رجلا يتأوّه، فقال للرجل: أسرعْ إليه، وأتني بما يبقى، فذهب إليه، فرآه قد مات، فعاد إلى الثاني، فإذا هو ميت، فذهب إلى ابن عمه، فوجده قد لحق بربه. فتلك هي المحبة، وهذه هي الصداقة، وبمثل هذه الخلال ترقى الأمم، وتتقدّم الدول.

〈全訳〉

男とそのいとこ

　ヤルムークの戦いの時、兵士の一人が死傷者の間を、そのいとこを探して歩いていた。彼は水が一杯入った矢立を持っていた。そしていとこを見つけたが、疲労困憊の様であった。そこでいとこへ言った、「水が欲しいだろう？」そうしたら口も利けないほどだったが、手ぶりで、欲しいと示した。だがすぐとなりで唸り声を上げている人がいたので、その人に最初に水をあげるように、男に手ぶりで指した。そこで男は隣へ行って、水が欲しいか聞いたところ、欲しいと答えた。ところがまた他にうなっている人がいるので、男に早く行って私には残りの水を下さい、と言った。そこで男はそこへ行ったが、すでに息は絶えていた。そこで二人目のところへ戻った時には、その人も死んでいた。最後にいとこのところへ行ったら、いとこも既にあの世へ行った後であった。これこそ友愛、これこそは友情、そしてこのような方途により、諸国は向上し、諸国家は前進するのだ。

● MEMO ●

〔コメント〕

1. 1行目 ヤルムークは第2代正統ハリーファ・アブー・バクルの時代、イスラーム勢力とビザンツ帝国間の戦いがあった場所。

2. 2行目の表現、疲れの頂点に達していた、في غاية ما يكون من التعب に注目しよう。

3. 2行目代名詞の ه ：同じ行に二度出てくるが、いずれも従兄弟を指し、1行目の معه は、男を指している。これなどは問題ないが、古い文章では代名詞がどれを指しているかはっきりしないケースが多い。慣れとしっかり読み込む努力しかない。

4. 4行目最後から三つ目の単語は、動詞 أتى の命令形 أتِ に1人称代名詞 ني が付いた形になっている。

5. 3行目と4行目に、うなる、という意味の動詞が二つ出ている。أنّ、تأوّه である。戦場と結びついて使用されそうな単語だから、この文脈で押さえると自分でも活用しやすくなるだろう。

6. 戦場の武勲などはアラブでは、多数の教訓や道徳の源泉になっている。またこのような戦友の友情や同胞愛は今の日本ではあまり語られないので、逆に新鮮さがあるかもしれない。

7. 本章の例文出所については、本書 注1（16ページ）を参照。

例文 2　　المأمون ومؤدّبه

يُروى أن مؤدب المأمون حضر ذات يوم، وانتظر خروج المأمون، حتى سئم الانتظار، فلما حضر المأمون، ضربه مؤدِبُه، فبكى، فإذا بوزير من وزراء أبيه استأذن عليه، واستوى المأمون جالسا، ومسح عينيه، وأذن له، فلما دخل، قابله المأمون بالبشر والإيناس، ولم يظهر له أي كدر حتى انصرف، فلما ذهب الوزير، قال المؤدب للمأمون: كنت أظن أن تذكر له ما كان بيني وبينك. فقال المأمون: إني لا أحب أن أطلع أحدًا على احتياجي إلى الأدب، والله ما يطمع مني والدي في مثل هذا، لأن من علّمني حرفا صرت له عبدا. فسُرّ منه مؤدبه، وأحسنَ معاملته.

〈全訳〉
王子マアムーンと躾係

　ある日、マアムーンの躾係がやってきて、彼が出てくるのを嫌というほど待った。彼がやっと出てきたので、その躾係は彼を打って泣かせた。そこへマアムーンの父の下の大臣の一人がやってきて、彼にお目どおりを願った。マアムーンは真直ぐ座ったままでいたが、両目の涙を拭って面会を許した。そこで大臣は入ってくると、彼は嬉しそうに機嫌よく迎え入れ、大臣が立ち去るまで何の戸惑いも表に出さなかった。そして大臣が立ち去ると、躾係はマアムーンに行った。「私たちの間で起こったことを大臣に告げるかと思ったのですが・・・。」そこで彼は言った。「私がもっと行儀良くすべきことを誰にも知らせたくないのだ。こんな時には、私の父は私に何を期待しようか。というのは、一つでも文字を教えてくれた人は、私はその人の奴隷のようなものなのだから。」これを聞いて、躾係はとても喜んでマアムーンの扱いを丁重にした。

● MEMO ●

〔コメント〕

1. 1行目最初の単語は、受身形になっている。よく受身になる動詞として覚えよう。6行目の、سُرَّ も同様である。

2. マアムーンは、アッバース朝第7代ハリーファ（在位813年―33年）。通常、ハリーファなど指導者の子弟には、幼年より厳しい皇帝学教育が施された。

3. 1行目、～するのが嫌になる、سَئِمَ --- という動詞を使って、目的語の動名詞を続ける。

4. 2行目、その時ちょうど、～（誰々）は（何々）～した、إذا بفلان فعل --- の表現の仕方に注目したい。

5. 3行目の、困惑、当惑、戸惑いの意味の、كَدَر は、今様には、اضطراب، تحيّر などを確認しておこう。

6. 5行目の أطلع はどのように解釈するのか。ハムザが付いているので、第8型ではない。第1、第2、第4の可能性があるが、意味上は第1型（上る）ではありえない。ここは第4型（知らせる）。なお第2型は口語的な場合にはありうる。

7. 5行目最後の部分、ما は疑問詞で、6行目の理由を示す接続詞、لأنّ に意味がうまく繋がって理解されるだろうか。ここはアラビア語独特の論理展開である。

7. アラブ人の作文練習帳から（古文調）

例文 3　　الصبر

الصبر: هو تركُ الشكوى من ألم البلوى، يَقضي لصاحبه بالسيادة، ويكسوه فضيلة الحزم، ويدفع عنه نقيصة الحرمان. يكبت العدو الألد. ويُغيظ الحسود الأشد. تحمَد عقباه، ويبلغ صاحبه مناه. فكثيرا ما أدرك الصابر مراميَه أو كاد. وفات المستعجل غرضَه أو كاد. فمن هداه الله بنور توفيقه، ألهمه الصبر في مواطنه، والتثبّتِ في حركاته وسكناته.

〈全訳〉
忍耐

　忍耐：それは不幸の痛みから不満を払うことである。その持ち主には必ず統率力が与えられ、決心の美徳がその人を覆い、また禁止されたものの欠陥をその人から遠ざける。それはまた天敵を打ち負かし、一番妬ましく思っている人を怒らせる。他方ではその人の行く末は恵み多く、またその目標を達成するだろう。しばしば忍耐強いものは、その目的を得るか、ほとんどそうなるが、性急なものはその目的を逃すか、ほとんど逃すのである。その人を成功の光でアッラーが導かれるならば、忍耐はその人にそのいるべき場所を教え、またその動静において確かさを与えるだろう。

● MEMO ●

〔コメント〕

* 忍耐はムスリムの道徳律の中でも一番強調される点の一つで、それをこのように韻を強く意識した文体でまとめている。このまま全体を丸暗記させる意図も見てとれる。

1. 1行目の、الشكوى، البلوى の二つの単語は、韻を踏んだ形になっている。

2. 1行目の動詞、يقضي، يكسو، يدفع の主語は全て الصبر だからこれも一種の韻。

3. 同行の、فضيلة الحزم は対格で、副詞的に使用されている。このような対格の名詞を副詞的に使えるのもアラビア語の特徴の一つである。

4. 2行目、العدو الألد は天敵に相当、形容詞 لدود の最上級になっている。それと次の、الحسود الأشد も同じく繰り返しの調子で一種の韻。

5. عَقِبٌ は二つの踵が原義だから、女性名詞。踵とはここでは、事の顛末の意味。

6. عقباه، مناه も韻を踏んでいる。مَنًى は運命の意味。

7. 3行目の、مَرْمًى ج مرام は目的、目標の意味。動詞の رمي (-) رَمْي から来ている。

8. 同行の、كاد の繰り返しも、韻のかたちであることは明白だろう。

9. 4行目の代名詞、ه はその前の関係代名詞、من を受けている。

10. 同行は、ألهمه الصبرُ في ----、و(في) التثبتِ في --- の構造で始めの في と次の (في) とが同格、意味上は「忍耐はその人に・・・と、・・・の確かさを教える」となる。

11. 同行の三つの単語、مواطنه، حركاته، سكناته も韻を踏む効果を狙ったもの。

7. アラブ人の作文練習帳から（古文調）

例文 4 التواضع

التواضع: سهولة الأخلاق، وتجنب العظمة والكبرياء، والتباعد عن الإعجاب والخُيَلاء، وهو حلية يتحلَّى بها الإنسان إن كان عاطلا، ويرفع ذكرَه إن كان خاملا، وبه يسمو في الدنيا قدرُه، ويعظم فيها خطرُه. يتملك صاحبه مودة القلوب، وينال كل مرغوب ومحبوب، وبه يجتلب المجد، ويكتسب الحمد.

وضده الكِبر: وهو أقبح وصف يسلب من الإنسان الفضائل، ويكسبه النقائص والرذائل، يوغِر صدور الإخوان، ويبعد مودة الخلان، يظهر السيئة، ويخفي الحسنة، ويهدم كل فضيلة مستحسنة، يثير الحقد والحسد، ويوجب لصاحبه الذم والنكد، ويُري صاحبه علوَّ هِمّته وإن كانت ساقطة، ويظن الرضى من الناس ولو كانت ساخطة.

〈全訳〉
謙譲

　謙譲：それはとっつきやすい言動で、偉大さや尊大さを避け、褒め言葉や慢心から遠ざかること。人は無能な時それで身を守り、無名な時にはそれで名を高める。この世の運命はそれで崇高となり、この世での状況も最大化する。人々に愛され、望まれ愛されるもの全部を獲得し、栄光と称賛を勝ち取る。

　その反対は尊大さ：それは人から美徳を奪う醜い言葉で、その人に欠点や短所を与え、友の心を憤らせ、その友愛を遠ざける。短所を見せて、長所を隠す。良いとされる諸点全てを壊し、軽蔑と嫉妬を惹起して、その人に対する非難や不幸を必ずもたらす。それはまた、たとえ人が失意の中でも意気揚々に見せるし、人々は怒っていても喜んでいるように見えてしまう。

● MEMO ●

〔コメント〕

1. 前半：謙遜と謙譲はアラビア語では区別しない。

2. 2行目、--- بـ تحلّى は、～をもって準備する、体制を整える、に使われる。

3. 偉大さ عظمة 、尊大さ كبرياء 、褒めること إعجاب 、慢心 خيلاء 、運命 قدر 、
   状況 خطر 、栄光 مجد 、称賛 حمد など、関連した用語は一気に身につけたい。

4. 同義語は、避ける --- تملك، حصل على ---، اكتسب، تجنب، تباعد عن 、獲得する、
   اجتلب などが前半にあるので、自分で整理しよう。

5. 後半：尊大さ、威張っていること、居丈高であることも道徳的に厳に戒められる。

6. 一連の単語は同じ部類の関連した用語だから、文脈の中でマスターしよう。
   美徳 رذيلة ج رذائلُ، سيئة، نقيصة ج نقائصُ 欠点 فضيلة ج فضائلُ، حسنة
   嫌悪 حقد 嫉妬 حسد 、非難 ذم 、不幸・逆境 نكد 、意気揚揚 عالي الهمّة

7. しばしば韻律を踏んだ調子になっている所を見落とさないようにしよう。そのような
   リズム感は自分で作文する時にも、必ず生きてくる。الإنسان الفضائلَ --- النقائص
   والرذائل والإخوان --- الخُلّان ، يظهر السيئة ويخفي الحسنة ، وإن كانت ساقطة و------
   ولو كانت ساخطة これらは、本当は自分で整理し直すのが一番身につく。

7. アラブ人の作文練習帳から（古文調）

例文 5　　الصِدق

الصدق: هو أن تُنبئ عن الشيء على ما هو عليه، وهو وصف يدعو إليه الدين والعقل والمروءة وحب الثناء، والاشتهار بالفضائل، فلا مزيّة أجمل منه، ولا سجيّة أكمل منه، ولا عطيّة أشرف منه، ولا سمعة ألطف منه، ولا أثر أنفع منه، وقد قال تعالى: *(يا أيها الذين آمنوا اتقوا الله وكونوا مع الصادقين)*. (التوبة:119)

والكذب من أقبح الرذائل، وأسوأ الوسائل، صفة لؤم وشؤم، بل عادة دنيئة رديئة، تؤوب بالعار والشنار والهلاك، قال تعالى: *(إنما يفتري الكذب الذين لا يؤمنون بآيات الله)*(النحل: 105)، وقال عليه السلام: "دع ما يريبك إلى ما لا يريبك"، فمن الكذب ريبة، والصدق طمأنينة.

〈全訳〉
誠実さ

　誠実さ：それは物事を真実に伝えることで、イスラーム、理性、人間性が求め、称賛をしたい気持ちや美徳で知られる場合なども、それが基になる。それ以上に美しい人徳、それ以上に完璧な本性、それ以上に誇れる天賦の才、それ以上に素晴らしい評判、またそれ以上の良薬はない。クルアーンにいう。「あなた方、信仰するものたちよ、アッラーを畏れ、誠実なものと一緒にいなさい。」（悔悟章 119 節）

　他方、嘘は悪行の中でも一番醜く、最悪の手段で、低俗と悲運で彩られ、最低最悪の行い、羞恥と破廉恥と破壊をもたらす。クルアーンにいう。「アッラーの印を信じない者は、ただ嘘を捏造する者で、彼らこそ虚言の徒である。」（蜜蜂章 105 節）また預言者（平安を）は言われた。「心配を起こさせるものは（手放し）、心配を起こさせないものに任せておきなさい。」こうして、嘘から心配が、誠実さから安寧が生まれるのだ。

● MEMO ●

例文5　誠実さ

〔コメント〕

1. 前半：全体に繰り返しによる韻を踏んだような調子が横溢しているのは従来同様。

2. 1行目、تنبئ は、第4型の أنبأ である。

3. لا --- أفعل من --- の比較級の否定の形は、5回も繰り返されている。

4. 1行目以下で、الدين، العقل، المروءة، حب الثناء، الاشتهار というのも、同じ文の主語として、たたみかける話法で、繰り返しの効果に類似している。

5. 後半：今度は繰り返しよりは類義語を一対ずつ言及して調子の良さを出している。

6. أقبح الرذائل وأسوأ الوسائل، لؤم وشؤو، دنيئة رديئة، العار والشنار والهلاك と4種類の対が駆使されている。語彙数が豊富でないと出来ない技だが、模倣は簡単。

7. 5行目の、تؤوب は、آب (-) أوبٌ، إيابٌ の第3人称単数女性形活用。古い文章には単純な構成の単語が現代語より頻出して、語根を探すのが難しいことがある。

8. 7行目、クルアーンの引用に続いて、قال عليه السلام とあるのは預言者伝承と分かる。通常は、صلى الله عليه وسلم という成句を全ていうことが多く、そのように全部いうのが正しい言い方として、勧奨されている。

9. 同行の動詞、راب (-) ريْب（疑いを持たせる）の第4型 أراب は、疑いを持たせる、というよりは、心配させるという意味の方が強い。

7. アラブ人の作文練習帳から（古文調）

例文 6　القردة والأسد

يُروى أن حبشيا ذهب بأبقاره إلى نهر لتشرب، فرأى هناك أسداً قد ربض على الشاطئ، فلما بصر به الأسد تحفّز للوثوب، فلجأ الرجل إلى شجرة، وخاضت أبقاره الماء، ثم شاهد الرجل قردة يتبعها ولدها، فافترس الأسد ولدها، فحزنت كثيرا، وعادت من حيث أتت. ثم رجعت ومعها جمّ غفير من القردة، وهي أمامهنّ وقد سبقهنّ غبار سد الأفق، وبأيديهنّ العُصيّ، فذهل الرجل ودُهش الأسد، الذي لم يلبث أن رأى نفسه داخل سور من القردة، وهي تتقدم إليه بكل ثبات وشجاعة، ثم أوسعته ضربا ووخزا حتى مات، ونالت منه ثأرها على قوته وضعفها، ولكن القوة في الاتحاد.

〈全訳〉

サルとライオン

　エチオピアの男が牛を連れて、水を飲ませるために川にやって来た時の話。その岸辺にはライオンが横たわっていた。ライオンは彼を見ると飛びつく様を見せたので、男は木の影に逃れ、牛は水に潜った。そこへ子連れのサルの母親がやって来たので、ライオンは子供を食べてしまった。母親猿は悲しんで、もと来たほうへ戻って行った。暫くするとその猿はもの凄い数の猿を引き連れて帰って来たが、その母親猿は先頭に立って、その群れの立てる土埃で視野が遮られるほどであった。その群れの猿達はみんな手に棒を持っていたので、男は恐怖心に襲われライオンは驚愕させられた。そしてライオンはあっという間に猿の群れに取り囲まれたが、猿はライオンにしっかりした足取りと勇気でもって近づいて来た。そうしてライオンを叩きのめしたので、ついに命を落としてしまった。こうして母親猿はライオンの強さに報復し、同時にその弱さを跳ね返したのであった。猿たちの強さは、その連帯性にあるのだ。

● MEMO ●

〔コメント〕

1. 1行目文頭の動詞は、受身形になっている。これは例文2で見た通り。

2. 第1～2行目の、بصر به は意味上は、رآه だが、رأى の単純な繰り返しは避けている。

3. 3行目、عادت مِنْ حيثُ أتتْ とあるのは、日本語的には、عادت إلى حيث --- としてしまいそうだ。このようなところに注目しておきたい。

4. 4行目、عَصًا ج عُصِيّ، عِصِيّ、أَعْصٍ 女性名詞である。

5. 同行、ذُهِل --- دُهِش --- の二語は、韻を踏んだ形になっているが、両方とも受身形になっている。このような例も多いので、覚えておこう。

6. 8行目、すぐに～した、という言い回しとして、لَمْ يلبثْ أنْ فعل ---

7. 同行、أوسعه ضربا ووخزا حتى مات という表現法、死ぬまで打ちのめし痛めつけた、という意味だが、أوسعه شتما くそみそに彼のことを言った、などもある。

8. 復讐する、の現代的な用語は انتقم من --- ～の方をよく見る。أخذ الثأر على --- も可。

9. 最後の لكن القوة في الاتحاد に動詞を使うならば、تقع في ---、تكمَن في ---、تتأسس على ---、تنبثق من --- などが考えられる。意味は順に、存する、潜む、基づく、源を発する、である。

7. アラブ人の作文練習帳から（古文調）

例文 7　السيدة والكلب الصغير

خرجت امرأة لقضاء ما تحتاج إليه، فرأت أبناء يسحبون كلبا ضئيلا، هو ينبح ويتألم، فأشفقت عليه، واشترته منهم، وحملته إلى بيتها، وسقته وأطعمته، وأحسنت إليه، فأحبها وتعلق به، ثم حدث أن جاء لص، واختبأ تحت سرير تلك المرأة، فجعل الكلب يروح ويغدو، وينبح تحت السرير على خلاف عادته، فرابها الأمر، وانشغل فؤادها، فنظرت تحت السرير بهدوء واطمئنان، فرأت اللص مختبئا ساكنا، فأسرعت بدون بطء إلى الباب وأغلقته، واستغاثت بأهلها وخدمها، فجاءوا، وأوسعوا اللص ضربا، ثم سيق إلى السجن ليلقى جزاءَه، ونجت المرأة من سوء شرّه، لإحسانها إلى الكلب، ورفقها به وشفقتها.

〈全訳〉

婦人と小さな犬

　婦人が所用で外へ出た。そこで子供達が小さな犬を引っ張り回しているのを見かけたが、その犬は痛そうに泣き声をあげていたのでかわいそうになった。そこで婦人はその犬を買って、家に運んできて、水や食べ物をやり、大事にしたので、その犬は婦人を好きになり何時も一緒にいるようになった。ある日のこと、泥棒が侵入してきた。彼はその婦人の寝台の下に隠れたので、犬は行ったり来たりして、いつもと違って寝台の下に向かってワンワン言った。そこで婦人は不審に思い心配になって、静かにソッと寝台の下を見たところ、そこにじっと隠れていた泥棒を発見した。急いでドアーのところへ行って、それをしっかり閉めた。それから家族や召使達に助けを求めたら、やってきてその泥棒を打ちのめしてくれた。彼は報いを受けるために牢獄へ送られたが、彼の悪行の不運からはその夫人は免れることができた。それも彼女の犬を大切にし親切にして、そして同情があったからこそだ。

● MEMO ●

〔コメント〕

1. 1行目、ضئيل は、صغير より小さい。

2. 同行の、لأشفقت عليه は、強調形になっている。

3. 2行目、動詞が続いている。اشترى، حمل، سقى، أطعم، أحسن، أحبّ، تعلق これらは韻を踏んでいるわけではないが、繰り返しによる同様の効果を狙った例である。

4. 第2〜3行目の、حدث أن فعل --- 〜をすることになった、という物語口調に注目。

5. 第3〜4行目、على خلاف (عادته) 彼の〜と異なり、という表現は応用できそうだ。

6. 5行目、بدون بطء 遅れずに、急いでに相当。遅滞なく、であれば、بدون تأخير 。

7. 同行、خدمّ は総称名詞で複数人数を指す。人々、شعب、ناس の類。

8. 6行目、سوء شرّه は、彼の悪行の不運、と直訳できる。

9. こうして動物愛護は、信仰の一端と言われるのである。

7. アラブ人の作文練習帳から（古文調）

例文 8　　العِلم

إن العلم للنفس الإنسانية كمال تتحلى بفضائله، وهو نور العقل وسراج القلب، به تنال الشرف، وتكتسب الفخر، وكم من وضيع الأصل عديم الحسب تعلّم العلوم، فصار جليلَ الذكر، عاليَ القدر، معروفا عند الوجهاء والأمراء، محترَما في مجالس الملوك والوزراء، تعظّمه الناس، فإذا أقبل عليهم قاموا إليه، وإذا جلس، يجلسون بين يديه، وإذا انصرف عنهم، أثنى الجميع عليه.

〈全訳〉
知識

　人の精神にとって、知識とはその利点により完成を準備するもので、理性の火、心の灯火であり、それで誇りを得て名誉を獲得するものである。どれほど多くの人が出自は低くて財産がなくても、学識を得て偉大で評価が高く、名士や王族に知られ居並ぶ国王や大臣の席では敬われ、人々に崇められる存在になったことか。もしその人が近づいてきたならば彼のために人々は立ち上がり、もし彼が座ったならば人々は彼の側近くに座り、彼が立ち去ったならば人々は彼を褒め称えるのである。

● MEMO ●

〔コメント〕

1. 1行目、تحلّى بـ --- は、～で準備する、の意味。飾り付ける、といった原義からは離れてきている。

2. 同行、نفس 精神、روح 魂、قلب 心、心臓、ضمير 心、気持ち、などの区別は微妙だが、重要な言葉だから常に意識を鋭くしたい。

3. 同行～2行目、名詞の韻律的な繰り返し、كمال، نور العقل، سراج القلب، تنال الشرف، عالي الفخر

4. 2行目、كمْ مِنْ وضيع الأصل عجيم الحسب という感嘆文の構造を身につけよう。

5. 2行目も繰り返し調、الوجهاء والأمراء، جليلَ الذكر، عليَ القدر また、3行目の、معروفا ومحترما も同様である。

6. 3行目、الناس が女性名詞として使われている。多くは男性扱い。

7. 3～4行目にかけて、إذا が3回続けて繰り返し使われている。

7. アラブ人の作文練習帳から（古文調）

例文 9　حُسن الخلق

حسن الخلق: أن يكون المرء ليّن الجانب، طلق الوجه، قليل النفور، طيب الكلمة، تدوم بين الشعب محبته، وتتأكد مودته، وثُقال عشرته، وتهون زلّته، وتغتفر ذنوبه، وتستر عيوبه. فإذا حسنت أخلاق الإنسان، كثر مصافوه، وقل معاديه، وتسهلت إليه الأمور الصعاب، ولانت له الأفئدة الغضاب.

ومَن ساءت أخلاقه، ضاقت أرزاقه، والناسُ منه في شؤم وبلاء، وهو مِن نفسِه في تعب وعناء. وأما مَن ألان للخلق جانبه، واحتمل صاحبَه، ولطفت معاشرتَه، وحسنتْ محادثتَه، مال إليه الخلقُ، واتسع له الرزقُ، وهو مِن نفسه في راحةٍ، والناسُ مِنه في سلامة، وأدرك المطلوبَ، ونال كل أمرٍ محبوبٍ:

إذا لمْ تتّسِعْ أخلاقُ قومٍ　　تضيق بهمْ فسيحاتُ البلادِ

〈全訳〉
性格の良さ

　性格の良さ：人当たりが柔らかく、表情がこわばらず、言動は常識的、表現もスマート。そして人々はいつもその人を好み、その人の愛すべき所ははっきりし、交友関係は知られ、失敗は軽く見られ、罪は赦され、欠点は露にされない。このように人の性格が良ければ、友は増え、敵は減り、難しいことも容易になり、人の心の怒りも静まる。

　他方性格の良くない人は、得るところが少なく、人は彼について悪口や災いをもたらし、自分でも消耗し労苦が絶えない。性格からして人当たりが柔らかで、上司を立てて、周りの人たちに優しくし、会話もうまくできれば、その性格はその人に味方し、色々収穫が増え、自分で安息を覚え、人々は彼に安堵し、その人は何が必要かを知り、好ましいものは全て獲得するだろう。

　　　人々の性格に広がりがなければ、その国の玄関広間は狭くなる

● MEMO ●

〔コメント〕

1. 1行目、繰り返し話法の複合形容詞（لين الجانب، طلق الوجه، قليل النفور، طيب الكلمة）。その最後の部分から2行目にかけては、短い動詞文の繰り返し話法（تدور، تتأكد، حسنت، كثر، قل، تسهلت،）。更にそれ以降も、同じく動詞文（تقال، تهون، تغتفر، تستر لان）。これだけすれば、この例文でかなり韻律を踏むような繰り返し話法には習熟できるだろう。

2. 性格という単語に شخصية が広く使われるが、これには後天的な面が多い。他方この例文の خُلق は元来は人の出来具合であり、先天的な面に比重がかかっている。

3. 3行目の形容詞二つ、صِعاب، غِضاب も意識的に韻を踏んでいる。

4. 4行目からの後半部分については、繰り返し部分は自分で判読してほしい。

5. 5行目の、مال إليه الخلق というのはどう解釈できるか。左の訳を参照してほしい。

6. 最後の詩は逆に韻を踏んでいない。詩に教訓を含ませるのは、アラブ詩では常套手段だ。

7. アラブ人の作文練習帳から（古文調）

例文 10 اطلب العلم من المهد إلى اللحد

رُوي أن إبراهيم بن المهدي دخل على المأمون، وعنده جماعة يتذاكرون في مسائل من العلم، فقال: يا هذا، هل لك معرفة بما يقول هؤلاء؟ فقال: يا أمير المؤمنين، شغلونا في الصِغَر واشتغلنا في الكبر. فقال المأمون: لمَ لم تتعلم اليوم؟ فقال: أوَ يَحسن بمثلي طلب العلم؟ فقال: نعم، والله لأن تموت طالبا للعلم، خير من أن تعيش قانعا بالجهل، قال: وإلى متى يحسن طلب العلم؟ قال: ما دامت بك الحياة:

تعَلمْ فليس المرءُ يُولد عالِما   وليس أخو علمٍ كمنْ هو جاهلُ
وإنّ كبيرَ القومِ لا علمَ عنده   صغيرٌ إذا التفتْ عليه المحافِلُ

〈全訳〉
知識は揺り籠から墓場まで求めよ

　イブラーヒーム・ブン・アルマハディーが、アルマアムーンに拝謁した時のこと、イブラーヒームは勉学に励む一団と一緒だった。そこで（ハリーファの）アルマアムーンは言った。「これおまえ、彼らが言っていることが分かるか？」イブラーヒームは答えていった。「信者の指導者よ、小さい時は時間がないし、大きくなってからは仕事があります。」そこでアルマアムーンは言った。「どうして今学ばないのか？」イブラーヒームは答えていった。「私のようになってからでも学んだ方がよいのでしょうか？」そこで、「そう、アッラーにかけて言うが、無知に満足して生きるよりも、知識を求めて死ぬ方がまだましだから。」とアルマアムーンは言った。イブラーヒームが「知識を求める方がよいのは、何時頃まででしょうか？」と聞いたのに対して、「それは命ある限りだ」とハリーファは答えた。
　学者として生まれる者はないことを知れ、知識に馴染む者は、無知な者とは違う、学識のない大男でも、彼に大勢がかかったら、小さいものだ。

● MEMO ●

〔コメント〕

1. 1行目、دخل على --- はお目通りを賜る、といったところで、古い表現方法。

2. 古文では、قال の主語がしばしば誰かはっきりしない形で用いられる。ここでも2行目の قال の主語は、言った内容からイブラーヒームだということがやっと分かってくる。

3. 3行目の、أوَ ---؟ は、感嘆の疑問文。

4. 同行、والله はよく目にする表現だが、神に掛けて（誓う）、という意味。クルアーンにもこの種の誓いのための同じ構造が出てくる。والتين والزيتون など。

5. 3行目と4行目にある、أن の後ろに、接続法の動詞が来るところは、現代文ならば、لأنك --- خير من أنك --- の方が一般的な形。

6. 詩の部分は普通に読めるものになっているので、挑戦してみよう。

著者　水谷 周（みずたに まこと）

イスラーム研究家。京大文卒、博士（歴史）。アラブ イスラーム学院学術顧問。著書に『アラビア語の歴史』（国書刊行会、2010年）、『イスラーム信仰とアッラー』（知泉書館、2010年）、『アフマド・アミーン自伝（解説・訳注）』（第三書館、1990年）、『日本の宗教 - 過去から未来へ』（アラビア語／ダール・アルクトブ・アルイルミーヤ社、ベイルート、2007年）など。

アラビア語翻訳講座第1巻

2010年6月15日　初版第1刷発行

著　　者　水谷 周
発　行　者　佐藤今朝夫
発　行　所　国書刊行会
　　　　　　〒174-0056
　　　　　　東京都板橋区志村1-13-15
　　　　　　TEL. 03-5970-7421
　　　　　　FAX. 03-5970-7427
　　　　　　http://www.kokusho.co.jp

装　　幀　立川加奈子
組版・印刷　株式会社シーフォース
製　　本　合資会社村上製本所

ISBN978-4-336-05236-0
乱丁・落丁本はお取り替え致します。